John Ca

CRIANDO O SUCESSO

ORGANIZE-SE

Tradução de
Henrique Amat Rêgo Monteiro

Título original: Organise Yourself
Copyright © by John Caunt, 2000, 2006

Proibida a reprodução no todo ou em parte,
por qualquer meio, sem autorização do editor.

Direitos exclusivos da edição em língua portuguesa no Brasil por

Av. Paulista, 967 - 14º and. - Conjunto 9 - Cerqueira César
CEP 01311-100 - São Paulo - SP
E-mail: clioeditora@clioeditora.com.br
www.clioeditora.com.br

Dados Internacionais de Catalogação na Publicação (CIP)
(Câmara Brasileira do Livro, SP, Brasil)

Caunt, John
  Organize-se / John Caunt ; tradução de Luiz Fernando Martins.
— São Paulo : Clio Editora, 2006.

Título original: Organise yourself

1. Administração do tempo 2. Experiências de vida
3. Gerenciamento da informação I. Título.

06-6156   CDD-650.1

Índice para catálogo sistemático:
1. Administração do tempo   650.1

ISBN: 85-86234-73-7
Projeto gráfico e editoração: Herbert Junior/Usina Digital
Preparação e revisão: Ana Luiza Couto
Capa: Ana Dobón

9ª edição: dezembro de 2011

Sumário

Introdução 5

1. **Saiba para onde está indo 11**
   Motivos para desorganização 13; Atitudes em relação à organização 13; Por que quer ser mais organizado? 16; Estabelecendo objetivos 17; Equilibrando os diferentes elementos de sua vida 22; Determinando as prioridades do dia-a-dia 22; Sumário 26

2. **Organize seu tempo 27**
   Como você usa seu tempo agora 27; Planejando e acompanhando seu tempo 30; Marcando seu tempo – estimando a necessidade de tempo 40; Procrastinação 42; Cumprindo prazos finais 47; Gerenciamento de tempo e projetos 50; Sumário 53

3. **Compreenda sua forma de trabalhar 54**
   Agende as tarefas em momentos apropriados 54; Mantenha a concentração e a motivação 58; Mobilize o poder do hábito 60; Melhorando a capacidade de tomar decisões 64; Sumário 69

4. **Organize a informação 70**
   Identifique a informação importante 71; Adote uma abordagem sistemática 72; Evite a sobrecarga 75; Leia com mais eficiência 77; Leitura prévia para melhor compreensão 81; Use sua memória 83; Sumário 85

5. Organize a forma como você trabalha com os outros 86

Uma estratégia para reuniões 86; Delegar 92; Superando distrações e interrupções 96; Ajude os outros a serem mais organizados 100; Aprenda a dizer "não" 103; Sumário 105

6. Organize seu espaço de trabalho 106

Pense na ergonomia 107; Arrume o espaço de trabalho desorganizado 114; Livre-se das pilhas 117; Sumário 121

7. Organize sistemas de arquivos 122

Estabelecendo seu sistema de arquivos 125; Arquivando documentos 126; Arquivamento eletrônico de documentos em papel 129; Organizando arquivos no computador 130; Sumário 133

8. Use a tecnologia para auxiliar 134

Saiba quando não usar tecnologia 134; Escolha o *software* apropriado 135; Ferramentas úteis 138; Sumário 153

9. Organize a si mesmo em casa e fora de casa 154

Trabalhando em casa 154; Organize-se fora do escritório 160; Sumário 164

10. Mantenha o bom trabalho 165

Reveja seus objetivos 165; Verifique seu progresso 166; Descubra formas de ficar no caminho 167; E se os velhos hábitos reaparecerem? 168

Introdução

Nunca experimentamos maior necessidade de sermos organizados. O ambiente de trabalho hoje em dia é caracterizado por uma pressão constante para continuar produzindo o mesmo com menos recursos. Contra um cenário de reestruturação e corte de verba, espera-se de nós que, como malabaristas, mantenhamos o maior número de bolas no ar, e que façamos isso com menos apoio. O ambiente é, cada vez mais, preenchido por linhas telefônicas, computadores e profissionais auto-suficientes, responsáveis por sua própria organização. A era da informação nos fornece algumas ferramentas para organizar nossas vidas profissionais, mas também nos apresenta novos desafios, na forma de volumes cada vez maiores de informação, expectativas de imediatismo e interrupções em nossas rotinas.

Além de nossas vidas profissionais, alimentamos maiores expectativas de tempo de lazer e esperamos ser totalmente capazes de preencher compromissos, enquanto nós e nossos parceiros mantemos empregos que exigem de nós. Integramos os diferentes elementos em nossas vidas para acomodar viagens e excursões, visitas, lazer, manutenção da casa, manutenção da saúde, desenvolvimento pessoal, responsabilidades voluntárias, atividades familiares e tempo com os amigos.

Para lidar com tudo isso, precisamos estar organizados. Precisamos lidar com o tempo e informações, com pessoas e tecnologia, tão eficientemente quanto possível a fim de produzir os resultados que irão nos avaliar. Ser organizado significa:

- menos tempo passado combatendo incêndios e reagindo a crises;
- maior focalização nas coisas que importam mais em termos de resultados produtivos;

- a habilidade de enxergar nosso caminho através de problemas e desafios complexos;
- mais tempo para a família, amigos e lazer;
- redução do estresse e da fadiga;
- maior sentido de realização;
- a chance de recuar e orgulhar-se de um trabalho bem feito.

Muito embora os benefícios de uma boa organização sejam claros, sempre apresentamos desculpas para nós mesmos por não nos organizarmos.

DESCULPA 1 – "A HABILIDADE DE SE ORGANIZAR É ALGO QUE NASCE COM A PESSOA. É UMA DESSAS QUALIDADES QUE OU A GENTE TEM OU NÃO. EU NÃO TENHO."

Com certeza, é verdade que nossa tendência natural para ser organizado varia, mas não é verdade que não há nada que possamos fazer para superar essa situação. Estudiosos das funções cerebrais têm revelado diferenças na forma que os dois hemisférios cerebrais funcionam. Um trabalho do psicólogo americano Jerre Levy e outros demonstrou que o hemisfério esquerdo é superior em funcionamento analítico, ao passo que o hemisfério direito é superior em muitas formas de desempenho visual e espacial e tende a ser mais holístico em seu funcionamento do que o esquerdo. Foi demonstrado que, embora usemos os dois hemisférios do cérebro simultaneamente, existe uma tendência da maioria de nós para favorecer um lado ou o outro. Podemos ser dominados pelo lado esquerdo ou pelo lado direito. Em termos mais simples, a pessoa dominada pelo lado esquerdo tende a ter uma abordagem organizada, analítica e metódica, ao passo que a pessoa dominada pelo lado direito tende a ser mais criativa e intuitiva. Entretanto, só porque podemos favorecer um lado ou outro das operações não significa que não possamos desenvolver as habilidades associadas a ambos os lados do cérebro. Quando se chega às habilidades organizacionais, a pessoa dominada pelo lado direito pode ter que trabalhar um pouco mais do que o indivíduo dominado pelo lado esquerdo. E só em caso de você ficar se perguntando, confesso agora ser uma pessoa que precisa trabalhar duro para ser bem organizada.

DESCULPA 2 – "NÃO TEM JEITO DE CONSEGUIR SER ORGANIZADO NESSE LUGAR. AS INTERRUPÇÕES CONSTANTES, AS CRISES, OS COLEGAS DESORGANIZADOS..."

Sim, existem vários lugares onde é difícil sermos organizados, mas isso não é motivo para desistir. Nos capítulos que seguem, iremos examinar como você pode assumir o controle de seu ambiente de trabalho e reduzir interrupções e distrações. Iremos examinar o efeito do bom planejamento em prevenir crises, delegar efetivamente com dependência mínima dos colegas e aprender formas de ajudar os outros a serem organizados.

DESCULPA 3 – "GOSTARIA DE SER MAIS ORGANIZADO, MAS ESTOU SIMPLESMENTE OCUPADO DEMAIS PARA GASTAR TEMPO NISSO NO MOMENTO. TALVEZ DENTRO DE ALGUNS MESES."

No ambiente atual de trabalho, a pessoa que adia uma ação na esperança de ter mais tempo, um mês, dois meses, seis meses... está destinada a ficar desapontada. E o que significa "ocupado demais"? É possível passar seu dia de trabalho correndo de um lado para outro e não realizar nada – pode-se estar ocupado e não ser eficiente. A atividade com objetivo é a que traz resultados; melhorar a organização é, em grande parte, trazer um objetivo para sua atividade.

Para muitos de nós, o objetivo de se organizar tem muito em comum com os estilos de vida sempre presentes – entrar em forma ou perder peso. Acreditamos que será bom para nós e nossas vidas serão mais ricas e satisfatórias se pudermos fazer isso, mas de alguma forma nunca conseguimos realizar a contento ou no grau desejado. Da mesma forma que utilizamos várias dietas e programas de exercícios, nos lançamos em surtos de organização que podem render frutos por algum tempo, antes de voltarmos para nosso velho e deprimente jeito caótico. Apoiamo-nos em algum novo regime ou nos apressamos a adquirir aquele novo equipamento ou *software* que acreditamos irá resolver nossos problemas organizacionais. E talvez por algum tempo pareça funcionar. Então perdemos o foco, os velhos hábitos começam a repetir-se, os sistemas escorrem pelo ralo e a procrastinação passa a entrar na ordem do dia.

Não precisa ser assim. Todos podem se tornar mais organizados – não apenas por um mês ou três, mas permanentemente. Entretanto, não existe remédio instantâneo – a mudança permanente requer mais do que um novo dispositivo ou algumas dicas rápidas. Requer atenção a suas atitudes e expectativas atuais, um grau de perseverança ao construir novas rotinas e disposição para reunir todos os aspectos – tempo, informação, pessoas e tecnologia – a fim de produzir um pacote de ações que irá funcionar para você.

Portanto, se você já fez tentativas anteriores de se organizar melhor e elas não funcionaram, não se desespere. Você pode conseguir, e espero que este livro forneça muitas estratégias necessárias para chegar lá. Mas não adote religiosamente tudo o que sugiro: esteja preparado para adaptar ou experimentar com o que está escrito aqui e construir um sistema que não seja meu, mas seu.

Enquanto a maior parte dos exemplos usados neste livro diz respeito ao trabalho, os princípios e estratégias sugeridos são aplicáveis para aqueles que desejam melhor organização em casa, no lazer ou em atividades voluntárias. Nem se deve assumir, de um ponto de vista do trabalho, que exista um público-alvo em termos de grupos ocupacionais ou níveis de força de força de trabalho veterana. As pressões dos modernos locais de trabalho são universais, e os degraus para melhorar a organização pessoal são bem parecidos, qualquer que seja seu trabalho. Haverá diferenças, claro, no volume e natureza das informações que serão manipuladas, na quantidade de apoio que você será capaz de reunir e no número de colegas, clientes e contatos com os quais você se relaciona. Mas quer você seja um iniciante recém-nomeado, um profissional estabelecido ou um trabalhador autônomo em casa, aqui existe algo para você.

Naquelas seções que lidam com os aspectos da tecnologia, presume-se que a maioria dos leitores saberá lidar com computadores, mas esse conhecimento será básico. Onde nos referimos a aspectos específicos de técnicas, usei como exemplos os mais populares aplicativos no momento em que escrevia. Isso se aplica principalmente ao sistema operacional Microsoft Windows e o *software* Office. Usuários de outros aplicativos e sistemas operacionais devem consultar a documentação de seu *software* ou o arquivo de auxílio do próprio programa.

1

Saiba para onde está indo

Este livro contém informações sobre um leque de técnicas, tecnologia e dicas para ajudá-lo com sua organização pessoal, mas nenhuma delas vai funcionar sem o primeiro ingrediente essencial: você, e sua abordagem ao processo de tornar-se mais organizado. O primeiro degrau para ser organizado ocorre não em sua caixa de entrada, nem em seu arquivo ou em seu computador, mas em sua cabeça. Se você pretende assumir o controle de sua vida e começar a fazer diferença, deve reconhecer suas fraquezas e forças organizacionais, os motivos para a atual desorganização e sua atitude para mudar a situação. Você deve assegurar-se de fazer uma idéia clara sobre para onde está indo e como espera chegar lá.

Todos temos forças e fraquezas organizacionais; portanto, antes de prosseguir, separe um instante para perguntar a si mesmo onde estão suas fraquezas. Qual das seguintes afirmações se aplica a você?

- Existe uma falta geral de direcionamento para meu trabalho.
- Tenho dificuldade em extrair prioridades da massa de tarefas e assuntos que chegam até mim.
- Meus dias parecem passar sem realizar muita coisa.
- Não planejo meu tempo adequadamente.

- Finalizo meu dia com mais itens em minha lista "a fazer" do que quando comecei.
- Acho difícil estimar quanto tempo algumas tarefas vão levar.
- Prazos parecem me assustar.
- Não tenho certeza de fazer o melhor uso do tempo quando meus níveis de energia estão altos.
- Fico realizando tarefas de rotina, muitas vezes deixando que interrompam trabalho mais importante.
- Tenho tendência a adiar tarefas de que não gosto.
- Tarefas triviais assumem uma importância maior do que deveriam.
- Algumas vezes tenho dificuldade em saber onde começar tarefas e projetos complexos.
- Gostaria de ser mais sistemático para tomar decisões.
- O volume da correspondência que entra é um problema para mim.
- Não compreendo bem mensagens e documentos quando olho para eles pela primeira vez.
- Gostaria de assimilar documentos com maior rapidez.
- Esqueço muito do que leio.
- Percebo a mim mesmo comparecendo a muitas reuniões improdutivas.
- Acho que não delego o suficiente.
- Os colegas me bombardeiam com informações de que não preciso.
- Sou assolado por interrupções.
- Muitas vezes assumo tarefas que deveria recusar.
- A disposição de meu espaço de trabalho não condiz com uma boa organização.
- Existem pilhas de papéis em meu escritório, minha escrivaninha está atulhada e as prateleiras e gavetas, cheias.
- Passo muito tempo procurando coisas.

- Meus arquivos são desorganizados.
- Fico preocupado por não estar utilizando adequadamente a tecnologia para organizar meu trabalho.
- Não uso a Internet com tanta eficiência quanto poderia.
- Minha organização pessoal declina quando estou trabalhando em casa ou longe do escritório.

Motivos para desorganização

A lista acima visa ajudar você a identificar algumas de suas fraquezas organizacionais atuais, mas não é eficiente para explorar as causas. Em termos amplos, poderíamos dizer que existem três motivos principais de desorganização: pressões externas, falhas de sistema e fatores pessoais. A primeira inclui coisas como sobrecarga, interrupções e problemas com o ambiente de trabalho, ao passo que a segunda trata da ausência de estratégias e rotinas para manipular tempo e informação e o fato de não usar as ferramentas apropriadamente. É a terceira área que mais freqüentemente relegamos. Fatores pessoais afetando desorganizações podem incluir ansiedades sobre tarefas determinadas ou um desejo de novidade que nos faz saltar de uma tarefa para outra. Também pode haver uma tendência para o perfeccionismo, um hábito de aceitar coisas demais, uma falta de vontade para delegar ou falta de capacidade de dizer "não" algumas vezes. Todos esses problemas podem ser resolvidos, mas primeiro precisam ser reconhecidos; portanto, separe um instante agora para fazer a si mesmo a seguinte pergunta: "Quais são os motivos principais porque sou atualmente menos organizado do que gostaria de ser?". Escreva suas respostas. Serão úteis para uma atividade de estabelecer objetivos, ainda neste capítulo.

Atitudes em relação à organização

A desorganização não é, no geral, uma coisa acerca da qual fiquemos envergonhados. Na verdade, podemos apresentá-la a nós mesmos como uma qualidade quase carinhosa – uma indicação de que existem para nós mais do que rotinas monótonas, uma atenção rígida a manter horários e um desejo obsessivo de assegurar que tudo esteja em seu lugar certo. Enquanto persistirmos em tais atitudes, é possível que consigamos alguma resistência interna para evitar que nos tornemos mais organizados, e as mudanças que procuramos se tornam mais difíceis.

Na Introdução apresentei algumas das desculpas que damos a nós mesmos para não nos organizar; contudo, algumas vezes são mais do que apenas desculpas. Podemos ter crenças enraizadas sobre nós mesmos que nos retardam, mesmo quando resolvemos agir. Crenças como essas nos levam a duvidar de nossa habilidade em mudar:

- "Sou assim há tanto tempo que não tenho certeza se sou capaz de mudar."
- "Sou desorganizado naturalmente."
- "Distraio-me facilmente – não consigo manter minha atenção em nada durante muito tempo."

Uma forma de alterar essas crenças que atrapalham é procurar evidências em contrário. Dê uma boa olhada em sua vida e existem boas probabilidades de encontrar áreas em que você é bem organizado. Talvez sua boa organização seja aparente em algum interesse de lazer, ao qual você seria capaz de dar tempo e atenção a despeito de seu horário ocupado. Talvez ocorra em aspectos de sua vida doméstica. Talvez, até mesmo em áreas de sua vida em que o caos parece dominar, existam bolsões de boa organização – itens que estão guardados onde você sempre pode colocar as mãos neles, e rotinas que consigam realizar com rapidez e eficiência seu propósito. Por que esses aspectos de sua vida são diferentes? Existem aspectos de seus sucessos organizacionais que você pode transferir para outros elementos de sua vida? Focalize as coisas nas quais você está trabalhando bem em vez de pensar nas que não está, e use-as para construir um ponto de vista mais positivo. Liste suas forças organizacionais – as coisas que estão funcionando bem para você, em qualquer área de sua vida que ocorram. Escrever geralmente adiciona valor ao exercício.

Se você vai remover atitudes negativas em relação à organização, é também importante remover também a autoconversa negativa. Afirmações como "Nunca fui capaz de colocar em prática certas tarefas", sejam feitas para você mesmo ou aos outros, só servem para reforçar um sentido de impotência. Troque-as por afirmações positivas – simples afirmativas fortes, repetidas para você mesmo: "Posso conseguir tudo o que resolva fazer". "Posso lidar com interrupções e voltar ao assunto." "Posso mudar hábitos de desorganização." "Posso lidar com qualquer coisa que o dia traga para mim." Escolha frases que sejam boas para você e repita mentalmente essas afirmações de fé para si mesmo, com regularidade.

É essencial também que você altere quaisquer atitudes que possam reforçar a noção de que a organização é um processo tedioso, ou que pessoas desorganizadas são, de alguma forma, mais interessantes do que seus colegas mais organizados. Visualize os benefícios de um estilo de vida mais organizado. Como seria? O que uma melhor organização poderia oferecer a você que você não tem no presente?

Visualizar os benefícios de uma maior organização é mais fácil se você tiver uma visão mais clara de quais são seus objetivos, mas na vida multifacetada de hoje isso pode ser dito mais facilmente do que feito. Você pode ter um bocado de objetivos bem articulados, compromissos e aspirações. Alguns irão se sobrepor; outros podem ser conflitantes. Haverá aqueles que você originou e outros sobre os quais você tem pouco controle. Podem estar associadas com qualquer dos elementos que constituem sua vida: trabalho, lazer, família e relacionamentos, responsabilidades voluntárias, aprendizado e desenvolvimento.

Num estágio posterior do processo de se tornar mais organizado, talvez seja útil que você passe algum tempo estabelecendo um conjunto de objetivos coerentes, mas por enquanto deixe-me formular uma pergunta simples que, no contexto deste livro, o ajuda a identificar algumas das coisas que são mais importantes para você.

Por que quer ser mais organizado?

Faça a si mesmo essa pergunta agora. Anote as respostas que venham a sua mente e siga quaisquer idéias que uma resposta possa gerar.

Exemplo

P. Por que quero ser mais organizado?
R. Para que não tenha de trabalhar tantas horas.
P. Como eu gostaria de usar o tempo economizado com uma melhor organização?
R. Ficando em forma; aprendendo espanhol; passando mais tempo com as pessoas de que gosto.
P. Por que quero ficar em forma?
R. Para ter habilidade de tomar parte em mais atividades físicas, para ter mais autoconfiança e auto-respeito.

P. Por que quero ser mais organizado?
R. Para mostrar que sou o melhor em meu trabalho.
P. Por que quero mostrar que sou o melhor em meu trabalho?
R. Para demonstrar que sou digno de receber uma promoção.
P. Por que quero ser mais organizado?
R. Para obter maior sentido de satisfação nos projetos que realizo.
P. Por que estou querendo esse maior sentido de satisfação?
R. Porque todas as minhas atividades atuais parecem trabalho pesado e caótico. Não precisa ser assim.

Responder a essa questão ajuda a alterar quaisquer atitudes negativas às quais me referi antes e reforça o ponto de que as mudanças que estamos procurando não são uma finalidade em si mesmas, porém uma forma de conseguir aquelas coisas que são realmente importantes para seu trabalho e para sua vida em geral. Uma compreensão mais ampla é um início importante para que você se torne mais bem organizado. O próximo passo essencial, porém, diz respeito a identificar as formas práticas que você terá de realizar se quiser conseguir esses objetivos, e isso significa dar alguma atenção para a idéia de estabelecer objetivos. Agora vamos examinar como estabelecer esses objetivos.

Estabelecendo objetivos

Quer você esteja pensando sobre as maiores metas da vida, sobre as exigências de um projeto de trabalho ou sobre o processo de tornar-se mais organizado, o tempo que passar determinando seus objetivos com toda a certeza será bem aplicado. Infelizmente, estabelecer objetivos geralmente é utilizado como um jargão de qualidade mística que pode desestimular os não iniciados. Mas não se trata de algo complicado. Um objetivo é apenas uma ferramenta, cujo propósito é transformar desafios amorfos em tarefas nas quais você possa "colocar mãos à obra" e produzir resultados significativos. Necessitam ser claros e precisos, mas não passe os limites em sua busca de precisão. Um objetivo ligeiramente indefinido é muito melhor do que nenhum objetivo. Esse é exatamente o caso quando se estabelecem objetivos para você mesmo em vez de para os outros. Você sabe o que quer dizer; os outros, não.

Tente produzir objetivos SMART [*Specific, Measurable, Achievable, Result oriented* e *Time related* (específicos, mensuráveis, realizáveis, orientados para os resultados e com idéia de tempo)].

Específico (S)

Quanto mais geral um objetivo, mais difícil fica focalizar-se naquelas tarefas e atividades necessárias para trazer sua realização. Como exemplo, vamos considerar seu propósito ao ler este livro. Você está fazendo isso porque deseja se tornar mais organizado. Como objetivo geral, está ótimo, mas não o ajuda muito a chegar onde deseja. Para isso, é preciso dividir seu objetivo geral em termos das coisas que precisará fazer. Essas coisas, mais específicas, você já pode ter identificado como fraquezas a serem resolvidas – por exemplo, ultrapassar a procrastinação, esclarecer prioridades ou eliminar o que é desnecessário.

Mensurável (M)

Sem um elemento mensurável em seu objetivo, não há formas de determinar até que ponto ele foi atingido, e a imprecisão resultante pode significar perda de focalização. Você pode decidir, por exemplo, que um de seus objetivos em relação a sua organização é melhorar sua velocidade de digitação. Mas o que constitui um resultado bem sucedido — uma melhora de uma palavra por minuto ou uma melhora de 30 palavras por minuto? Apenas com alguma idéia de escala o objetivo adquire precisão. E não negligenciemos o fato de que pode existir mais do que um elemento mensurável se o objetivo tiver valor. Um aumento na velocidade de digitação de 30 palavras por minuto pode ser completamente possível de conseguir, mas ao custo da precisão, o que pode tornar o esforço inútil. Apesar de estar preparado para sacrificar uma parte da precisão em função da velocidade, você quer se assegurar de que tudo seja recuperável mais tarde. Porém, não seja rígido ou arbitrário demais nos elementos mensuráveis que introduz em seus objetivos. A quantificação excessiva pode, na verdade, comprometer as conquistas, pois a atenção dispensada ao medir pode atrapalhar a realização do que está sendo medido. E a falta de flexibilidade pode significar que você atingiu uma parede em que surgiram obstáculos não percebidos, ou pode até levar você a ignorar oportunidades para um maior desenvolvimento além do objetivo afirmado.

Realizável (A)

Qualquer objetivo que você estabeleça deve ser passível de execução. O motivo pelo qual está usando o objetivo é para realizar as coisas e obter o reforço que vem do sucesso. Não é propósito do objetivo adicionar estresse desnecessário a sua vida e acrescentar o estímulo negativo do fracasso. Por outro lado, existe pouco a ganhar quando se estabelecem objetivos conquistados quase sem esforço. Você pode riscá-los de sua lista, mas não será convencido pela ilusão de progresso. O truque é estabelecer objetivos imediatos que estejam pouco além do alcance. É uma questão de ter de fazer um esforço para chegar a eles, mas não de sobrecarregar a si mesmo com aspirações impossíveis de cumprir. Isso significa que não podemos ter um objetivo grandioso – muito além de nossas capacidades atuais? Não, desde que você o divida em vários subobjetivos e trabalhe em direção ao mais distante por meio dos degraus formados.

Você pode, por exemplo, ter o grande objetivo de reduzir suas horas semanais de trabalho, partindo de uma média de 55 para uma média de 40, ao mesmo tempo que mantém níveis correntes de produção e qualidade. Trata-se de um objetivo que irá exigir a atenção de muitos dos elementos que cobrimos neste livro, e deve ser dividido em vários subobjetivos, cada um deles com cenários realistas e passíveis de serem realizados. Esse subobjetivo pode incluir uma habilidade melhorada de delegar. Mas, embutido nessa idéia, está o reconhecimento de que os primeiros estágios desse processo podem significar um maior investimento de tempo, enquanto você dá atenção a atividades como identificar as tarefas passíveis de serem delegadas, instrui as pessoas que as assumirão e trabalha para assegurar-se de que as tarefas sejam percebidas como valiosas e desafiadoras. Seu cenário de objetivos deve levar em conta esse investimento de tempo e providenciar espaço para ele antes que o tempo contado apareça.

Orientado para o resultado (R)

Objetivos devem ser descritos em termos de resultados obtidos em vez de por atividades. Se, como parte de um impulso de tornar-se mais organizado, você determinar que deve chegar ao trabalho uma hora mais cedo todos os dias, isso simplesmente descreve a atividade. Você pode passar essa hora tomando café e conversando, e deixará de cumprir seu objetivo. Um objetivo muito melhor inclui a identificação daquelas coisas que você se propõe a conseguir durante aquela hora – possivelmente a finalização de tarefas que requeiram concentração sem interrupções e, portanto, sejam mais difíceis de realizar durante o expediente normal.

Com idéia de tempo (T)

Os objetivos geralmente se beneficiam de prazos finais definidos, pelos quais serão considerados completos. Isso se liga à condição de que devem ser passíveis de serem atingidos. Um objetivo pode ser possível numa escala de tempo, mas não em outra. Prazos finais podem também ser úteis ao prover motivação e manter o momento, desde que estejam relacionados a um período de tempo em que você seja capaz de realizá-los. Um prazo final de seis meses pode ser vago e distante demais para a maioria de nós. Se precisarmos fazer um esforço consistente para nos motivar por um período maior do que um mês, então será melhor quebrar nosso objetivo em estágios menores – semanas ou meses, um a um. Isso pode significar construir em alicerces mensais – rever os pontos do caminho para seu objetivo maior – ou estabelecer uma série de subobjetivos. Se, por exemplo, você concluir que deveria ser possível, num período de três meses, reduzir a quantidade de tempo que você gasta em reuniões de uma média de 12 horas para 6, você pode estabelecer patamares de duas horas por mês, com um foco específico para cada mês:

▸ Mês 1 – livrar-se das reuniões desnecessárias.
▸ Mês 2 – descobrir alternativas mais eficientes de realizar alguns dos negócios atualmente conduzidos em reuniões.
▸ Mês 3 – melhorar a eficiência das reuniões nas quais permanece envolvido.

Atividades

Quais são seus objetivos em termos de melhor organização? Você pensou um pouco, no início do capítulo, no motivo pelo qual quer ser mais organizado, mas é chegado o momento de ser específico. As respostas dadas na lista de deficiências atuais, sua análise dos motivos pelos quais você não é tão bem organizado quanto poderia ser e sua resposta à questão "Por que quer ser mais organizado?" agora vão servir para articular seus objetivos principais a respeito de uma melhor organização. Anote todos eles, levando em conta os pontos abordados pelo SMART já apresentado. Em alguns casos, você pode ter idéias de subobjetivos e os passos detalhados que espera tomar para conseguir seu objetivo; se for esse o caso, anote-os também. Mas não fique muito preocupado em produzir um plano de ação detalhado nesse estágio. Existe muito que você já sabe sobre organização e suas próprias necessidades, e clarear os pensamentos nesse estágio irá ajudar sua assimilação e a aplicação de novas idéias e técnicas, mas você também terá a oportunidade de refinar sua visão enquanto percorre o livro, e iremos rever o progresso e planejar o caminho no capítulo final.

Equilibrando os diferentes elementos de sua vida

Sua vida é feita de uma grande variedade de elementos, cada um deles competindo por tempo e atenção, e é fácil deixar de lado um em detrimento de outros. Uma atividade em particular pode começar a exigir mais sua atenção do que outras, ou uma questão interessante pode afastá-lo de outras prioridades. Tome cuidado em focalizar o quadro maior e a distribuição de seus recursos limitados com equilíbrio, a fim de assegurar que irá progredir na direção de todos seus objetivos.

Qualquer que seja seu emprego ou estilo de vida, provavelmente existem exigências conflitantes de seu tempo. Portanto, passe alguns instantes agora considerando ajustes que pode fazer para as atividades que exigem seu tempo e energia.

Pergunte a si mesmo:
1. Existem elementos em minha vida que estão atualmente consumindo maior proporção do meu tempo e atenção do que deveriam? Se existem, quais são?
2. Por que se tornaram tão exigentes?
3. Em que elementos de minha vida devo gastar mais tempo?
4. O que devo fazer para começar a ajustar o equilíbrio entre eles?

Determinando as prioridades do dia-a-dia

A vida seria muito mais fácil se, tendo planejado o caminho, pudéssemos segui-lo sistemática e tranqüilamente até a conquista de nossos objetivos. Mas raramente é assim. Com toda a probabilidade, seu dia é passado respondendo a uma multidão de tarefas de rotina, crises, pedidos e interrupções. Em face a esse bombardeio, você precisa de um meio para determinar que tarefas deverão ser priorizadas. Uma forma simples de encarar isso é definir cada exigência de seu tempo: se é autogerada ou se vem na forma de um pedido, e em termos de importância e urgência. Quaisquer tarefas podem ser colocadas em um dos quatro setores da Ilustração 1.1.

Ilustração 1.1 *Determinando prioridades*

Setor A: tarefas que são importantes e urgentes

Itens que são tanto importantes quanto urgentes são nitidamente aqueles aos quais você deve dar atenção imediata, contudo nem sempre eles são identificáveis. O que constitui "importante" pode ser problemático. Um colega manipulador pode convencê-lo de que as coisas importantes para ele devem também constar no alto de sua agenda. Ou pior, você pode ser a parte culpada – convencer a si mesmo de que uma distração trivial é uma tarefa essencial que simplesmente não pode esperar. "Importante", nesse contexto, deve significar importante para a realização de seus objetivos principais – não apenas os que estão associados o seu trabalho, mas objetivos mais amplos, de qualidade de vida. Se um estilo de vida equilibrado e o tempo dedicado à família têm alta prioridade para você, então chegar ao primeiro jogo de futebol de seu filho na escola será tão importante quanto qualquer coisa que seu ambiente de trabalho possa lhe apresentar.

Também vale questionar a noção da urgência. Mais uma vez poderia ser um caso da agenda de outras pessoas em vez da sua. Poderia ser uma questão de urgência que teria sido evitada se você planejasse melhor seu tempo, ou se você logo se pusesse a trabalhar em vez de procrastinar. Alguns de nós fazem o melhor trabalho quando pressionados por um sentido de urgência, mas uma urgência que se pode controlar – em que é você quem determina seu próprio prazo final ou planeja trabalhar sob pressão de tempo. É muito diferente do sentido de crise e pânico que deriva de uma urgência externa, imposta, que cai sobre você.

Setor B: tarefas importantes mas não urgentes

Tarefas nesse setor geralmente apresentam os maiores problemas para aqueles de nós cuja organização não é tão boa quanto deveria. Tendem a ser ligadas a objetivos de longo prazo ou a questões de qualidade de vida e precisamos nos assegurar de encontrar tempo para realizá-las. Muitas vezes, porém, somos culpados de ignorá-las ou adiá-las, permitindo que outras tarefas menos importantes, porém superficialmente mais urgentes ou atraentes, assumam seu lugar. Se dermos atenção inadequada, as tarefas da categoria B podem repentinamente ser promovidas à categoria A extrema, quando surge um prazo repentino; na ausência de um prazo significativo, podem simplesmente deixar de ser feitas. Tal é o destino de muitos objetivos da vida que são, na verdade, muito importantes para nós, mas costumam ser indefinidamente adiados até caducarem e morrerem. Planeje seu tempo com eficiência para reduzir essa possibilidade, e tente assegurar-se de que boa parte do tempo disponível seja passada nas tarefas da categoria B.

Setor C: tarefas que são urgentes, mas não importantes

Não deixe que esses itens desviem sua atenção daqueles do grupo B. Só porque são urgentes não quer dizer que sejam importantes. Questione porque são urgentes. Muitas vezes você não vai encontrar mais do que um brilho aplicado por outros para justificar-lhes a existência ou para cobrir a própria ineficiência. Tais tarefas podem ser aquelas a delegar ou para deixar morrer lentamente. Naturalmente, sua decisão sobre o que fazer com elas pode requerer um elemento de diplomacia. Se for seu chefe a pedir, e ele encarar como importante e urgente, então talvez seja necessária uma reavaliação de seu julgamento.

Setor D: tarefas que não são nem importantes nem urgentes

Você não deve perder tempo nem energia com essas. Freqüentemente, tarefas nessa categoria são usadas como distrações autogeradas – desculpas para não realizar nenhum trabalho mais importante, que por um motivo ou outro enxergamos com certo grau de apreensão. Reconheça essas tarefas pelo que são e focalize seus esforços em tarefas dos outros setores.

> **A regra 80:20**
> A regra 80:20 foi gerada por um economista italiano – Vilfredo Pareto – por volta de 1900. Ele descobriu um fenômeno consistente: cerca de 80% das riquezas dos países eram con-

troladas por cerca de 20% das pessoas. Esse princípio 80-20 desde então tem sido expandido para incluir todos os aspectos dos negócios e da administração – especialmente "80% dos resultados vêm de 20% do esforço". A precisão dessa relação pode ser discutida, mas permanece o fato de que, ao concentrar seus esforços nas poucas ações importantes em vez de no trivial, você pode conseguir os mais impressionantes resultados.

Sumário

Os primeiros degraus na direção de uma melhor organização consistem em:
- esclarecer suas forças e fraquezas organizacionais;
- identificar os motivos por que no momento você não é tão organizado quanto gostaria;
- construir uma crença positiva em sua habilidade de progredir;
- estabelecer uma visão clara do que você espera obter com uma melhor organização;
- estabelecer objetivos precisos;
- equilibrar os diferentes elementos de sua vida;
- determinar suas prioridades do dia-a-dia.

2

Organize seu tempo

O tempo é o contrário dos outros recursos, no sentido de que o partilhamos igualmente. Todos temos a mesma quantidade dele a cada dia. As diferenças entre nós estão em como escolhemos passar o tempo e até que ponto tentamos esticá-lo.

Seu objetivo em administrar melhor seu tempo é reduzir o número de horas que passa trabalhando ou conseguir mais no mesmo número de horas. É uma questão de prioridades. Quando você diz "Não tenho tempo para isso", está na verdade dizendo "Algo mais é mais importante para mim do que isso". O problema é que, por meio do planejamento inadequado e da monitoração, perdemos controle de nosso horário e não conseguimos diferenciar entre as exigências de alta recompensa e de baixa recompensa em nosso tempo. Descobrimos a nós mesmos dizendo "Não tenho tempo para isso" em relação a um compromisso importante porque já gastamos esse tempo em algo trivial.

Neste capítulo, então, iremos examinar as técnicas para planejar e seguir as tarefas nas quais precisamos gastar o tempo. Primeiro, entretanto, vamos considerar como você passa seu tempo atualmente.

Como você usa seu tempo agora

É útil, antes de embarcar num novo regime de planejamento para seu tempo, dar alguma atenção a como você passa atualmente seu tempo. Alguns programas de administração de tempo propõem que você mantenha um registro rígido de seu tempo por duas semanas. Não vejo isso como uma necessidade, mas sugiro que faça um monitoramento simples por vários dias.

Exercício de monitoramento – importância de tarefas

O propósito deste exercício é ampliar sua consciência da importância relativa das tarefas que fazem seu dia, e sinalizar aquelas áreas nas quais você pode concentrar seus esforços para melhorar. Numa folha A4 em branco, recrie o diagrama que encontramos no Capítulo 1 e rotule as quatro seções conforme mostrado na Ilustração 2.1.

A. importante e urgente	B. importante, não urgente
C. urgente, não importante	D. não urgente, não importante

Ilustração 2.1 *Monitorando suas tarefas*

Mantenha a folha à mão durante seu dia de trabalho e anote as tarefas que você desempenha no setor apropriado, conforme indicado no exemplo na Ilustração 2.2.

A. importante e urgente	B. importante, não urgente
Terminei a apresentação para a reunião de diretoria de amanhã. Implementei arranjos para pagamentos de emergência em função da queda de sistema no computador com a lista de pagamentos.	Produzi plano para a relocação do escritório. Examinei o progresso com a equipe. Investiguei uma pista para um novo negócio.
C. urgente, não importante	D. não urgente, não importante
Atendi às interrupções. Escrevi respostas à correspondência de rotina, o que poderia ter sido delegado.	Fiquei sentado por 2 horas numa reunião que eu poderia ter evitado. Examinei a correspondência comum. Descobri tarefas menores para evitar trabalho pouco agradável.

Ilustração 2.2 *Exemplos de prioridades*

Complete uma folha por dia por um mínimo de três dias e as compare, perguntando a si mesmo:
- Tive dificuldade em distinguir entre as tarefas que são importantes e aquelas que não são? Se tive, que passos preciso dar para esclarecer essa confusão?
- Que proporção de meu tempo está sendo gasta atualmente com tarefas não importantes? (setores C e D)
- O que posso fazer para reduzir o número de tarefas aparecendo nesses setores?

- Foi suficiente o tempo que passei nas tarefas do setor B?
- Como posso aumentar o tempo devotado a essas tarefas?

Se, ao longo desse exercício, você descobrir a si mesmo descartando algumas tarefas ou delegando outras que normalmente teria desempenhado, está ótimo. Já é o início de uma melhor organização. Como alternativa a completar as folhas enquanto trabalha, você pode preferir preenchê-las de forma retrospectiva, examinando o que fez na semana anterior, por exemplo.

Planejando e acompanhando seu tempo

Tendo examinado como seu tempo está sendo aplicado, o próximo passo é adotar um sistema que funcione para planejar e acompanhar seu tempo ao longo dos dias, semanas e meses à frente.

Planejando

Você precisa ser capaz de:
- determinar seus objetivos;
- identificar os passos necessários para chegar a seus objetivos;
- dividir projetos e compromissos em suas tarefas componentes;
- decidir quanto tempo você espera que durem as atividades;
- decidir quando você precisará completar as tarefas ao longo dos dias e semanas vindouros;
- identificar o que você precisará dos outros para poder completar suas próprias tarefas.

Acompanhando
Você precisa ser capaz de acompanhar:
- seus contatos;
- suas reuniões e compromissos;
- o que você fez e o que resta a ser feito;
- quem está fazendo o que para você, e quando;
- quando você deve seguir contatos e pistas.

Planejando seu tempo
Um planejamento eficiente requer que você leve em conta escalas de tempo diferentes. A importância relativa de planejamento de longo prazo e de curto prazo pode variar de acordo com a natureza de seu trabalho, mas você pode planejar em três diferentes cenários de tempo. O primeiro, e mais geral, pode ser uma visão ampla dos próximos três meses, em termos de objetivos maiores; o segundo, uma visão de semana a semana para certificar-se de que você é capaz de encaixar-se na preparação necessária para seus compromissos e prazos; o terceiro, um plano detalhado do dia para assegurar que você consiga equilibrar os itens importantes e urgentes e as tarefas que contribuem para os objetivos de longo prazo.

PLANEJANDO SEU DIA
O momento que você usa para planejar seu dia não é a primeira hora da manhã, e sim o final do dia anterior de trabalho. Uma vez que você adquira o hábito, essa tarefa não leva mais do que alguns minutos antes de encerrar seu expediente. O planejamento é completado enquanto seu cérebro ainda está em ritmo de trabalho, e na manhã seguinte você se poupa de alguma possível indecisão e perda de tempo enquanto se prepara para o dia. Já sabe exatamente o que precisa fazer e se torna capaz de chegar e começar imediatamente. Resista à tentação de ser ambicioso demais no número de tarefas que estabelece para você mesmo e

não exagere na carga, para deixar algum espaço ao inesperado. Ticar itens de sua lista de tarefas é muito satisfatório e o ajuda a manter-se na direção certa, mas resista à tentação de colocar muitas tarefas fáceis na lista – pequenas tarefas que ali vão apenas para serem riscadas.

Mapeando sua semana

Assim como o planejamento diário se faz ao fim do dia, o momento para mapear a semana é ao final da semana anterior. Você não está preocupado com o nível de detalhes do planejamento diário, mas quer estabelecer um equilíbrio para sua semana e assegurar que não seja apanhado desprevenido. Estará pensando em que tipo de informação precisará pedir na segunda-feira para uma tarefa que deverá ser completada na sexta-feira; o que fará na terça-feira a fim de preparar-se para aquela reunião na quarta-feira; quanto esforço precisará aplicar a cada dia numa iniciativa de longo prazo.

Uma tarde de sexta-feira na qual se mapeia a semana seguinte também é um bom momento para se rever seu trabalho da semana anterior e dar a si mesmo crédito pelas coisas que realizou. Não sucumba à frustração pelas tarefas que não conseguiu completar. Use a sessão como uma oportunidade de perguntar a si mesmo porque elas não foram completadas.

- Houve superotimismo de sua parte a respeito do número de tarefas que determinou para a semana?
- Houve outro trabalho importante e inesperado que deslocou os que não foram completados?
- Alguma coisa aconteceu que tornou as tarefas não necessárias?
- Você foi culpado talvez de procrastinação ou de evitá-las?

Considere se as tarefas precisam ser reprogramadas e, se assim for, certifique-se de colocá-las na programação da nova semana e assegure-se, por meio das técnicas sugeridas mais adiante, neste mesmo capítulo, de que serão realizadas.

PLANEJANDO OS PRÓXIMOS TRÊS MESES
Esse é um nível diferente de seu planejamento semanal. Trata-se de usar blocos maiores de tempo, que precisarão ser devotados aos projetos e tarefas de desenvolvimento. O objetivo aqui é assegurar-se de que prazos finais a respeito de vários compromissos não se choquem e que as escalas de tempo que você separou para as tarefas grandes sejam realistas. É possível que você se dedique a esse tipo de atividade juntamente com o planejamento de um determinado projeto.

Se você não tem, atualmente, o hábito de planejar sistematicamente seu tempo ou se os esforços nesse sentido fracassaram, sugiro que parta inicialmente para uma previsão semanal, além de uma lista principal sobre itens "a fazer" (veja a última parte deste capítulo). Uma vez que tenha idealizado um sistema de planejamento semanal e este esteja funcionando a contento, avance e passe a fazer um planejamento mais detalhado de cada dia e amplie sua consciência sobre a dimensão de longo prazo.

Acompanhando seu tempo

Acompanhar seu tempo significa manter-se no controle das atividades que você planejou – assegurar-se de lembrar quando as ações são necessárias e monitorar seu progresso na direção da realização dos objetivos que estabeleceu para si mesmo. A chave para isso é a simplicidade. Sempre que possível, evite gravar a informação em vários lugares. Isso é importante, principalmente se você estiver usando papel como forma de registrar seus compromissos. Usar uma agenda no escritório e uma de bolso, para que você possa registrar nas reuniões e enquanto está fora, é receita para perder apontamentos. Se for essencial que registre a ação em diferentes formatos, certifique-se de que existe uma agenda principal. Limite a quantidade de informação transferida tanto quanto possível, para evitar omissões e minimizar esforços desperdiçados.

Ferramentas de planejamento e acompanhamento

As ferramentas que você usa para ajudar a planejar e acompanhar podem variar desde um caderno e agenda até um computador *palmtop*. Escolha o que mais se adapta a seu estilo preferido e à natureza de seu trabalho. Lembre, também, que uma ferramenta mal utilizada pode atrapalhar sua eficiência em vez de ajudá-la.

Pode ser que suas necessidades sejam supridas adequadamente pela simplicidade – um caderno para registrar tarefas e lembretes gerais e uma agenda para compromissos e encontros marcados. Todas as outras ferramentas são variações desse formato básico, e o aumento de sofisticação nem sempre implica maior eficiência. Entretanto, aqueles que possuem maior número de contatos, tarefas e encontros irão desejar meios mais sofisticados para se manterem atualizados. Vamos verificar os méritos de sistemas baseados em papéis ou eletrônicos.

PLANEJADORES E ORGANIZADORES BASEADOS EM PAPÉIS
Nos anos 1980, nenhum profissional de respeito seria visto sem uma agenda pessoal encapada em couro, e uma visita à papelaria hoje pode revelar que ainda existem muitas à venda, em vários estilos e preços. O formato básico é uma pequena brochura metálica, com seções separadas no interior. Uma versão típica inclui:
- planejadores anuais;
- diários em vários formatos;
- folhas para planejamento diário – compromissos e tarefas;

- objetivos mensais e folhas de planejamento de projetos;
- agenda telefônica e de endereços;
- páginas para notas;
- planejamento de orçamento e de despesas.

A idéia é de que toda a informação de trabalho esteja contida numa agenda otimizada. O usuário pode alternar facilmente sua atenção de uma visão de longo prazo para uma de curto prazo e rapidamente atualizar a informação onde quer que esteja. Novas páginas podem ser adicionadas e as redundantes removidas, de forma que a agenda permaneça indefinidamente expansível e sempre atualizada. O inconveniente é que talvez haja necessidade de transferir informações de uma página para outra, e alguns dos modelos apresentados, como agendas anuais, são um pouco reduzidas para um uso mais amplo. Da mesma forma, se você possui um número grande de contatos em sua agenda de endereços, ou precisa anotar algo ali, vai descobrir que essas seções não são muito extensas.

GERENCIADORES PESSOAIS DE INFORMAÇÃO (PIM) BASEADOS EM PCS
São, na verdade, bases de dados personalizadas para guardar, encontrar e manipular informações pessoais (Personal Information Manager). Os principais *software* comercialmente encontrados também servem para registrar e enviar *e-mails*. O mais amplamente utilizado é o Outlook, que vem nos pacotes das versões do Microsoft Office, mas existem outros produtos respeitáveis, tais como o Lotus Organizer da IBM e dúzias de bons exemplos que podem ser carregados na Internet, alguns livres de despesas. O conteúdo típico seria:

- um catálogo de endereços para administrar contatos;
- listas "a fazer" que podem ser dispostas sob categorias de assuntos e permitem alguns projetos simples e acompanhamentos em termos de anotar encontros, a pessoa

responsável, duração planejada e percentagem da tarefa completada;
- uma agenda eletrônica, que pode ser integrada com o livro de endereços, com as listas "a fazer", e que oferece facilidades para recursos de memória de compromissos agendados;
- um recurso para gravar o tempo passado em atividades e controlar despesas;
- espaço livre para notas, que pode ser adaptado para propósitos especiais.

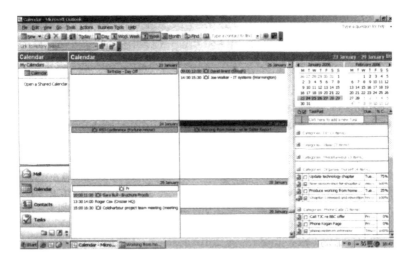

Ilustração 2.3 *Calendário Microsoft Outlook*

O grande benefício de um programa gerenciador pessoal de informação para PCs é a forma como a informação pode ser integrada e vista de vários ângulos, sem o incômodo de ter de transferi-la manualmente. Você pode planejar suas atividades no interior de um projeto e agendar tarefas por períodos de várias semanas, levando em conta todos os outros compromissos. No momento adequado a lista "a fazer" irá aparecer na seção diária da tela de seu computador e não sairá dali até receber ordens específicas para isso. Compromissos regulares apenas precisam ser agendados uma vez. Você pode ver o cenário geral e o particular com um clique do *mouse*, e ligar as pessoas da agenda às atribuições e compromissos. Informação e referências de rotina são incorporadas com facilidade e é simples seguir o tempo e o custo. O inconveniente é que se precisa de um computador para manipular todos esses recursos, embora esse percalço seja amplamente compensado se você usa um PDA.

ASSISTENTE PESSOAL DIGITAL (PDA) E SMARTPHONES

Um PDA, ou *palmtop*, é um computador cujo peso típico é de cerca de 170 g, que pode ser facilmente colocado no bolso e carregado para todos os lados. Todos os PDA incorporam aspectos dos programas gerenciadores pessoais de informação (PIM) – livro de endereços, calendário/agenda de compromissos, lista de tarefas e rascunho, ao passo que a maioria também inclui gravação digital de áudio, gerenciamento de *e-mails*, leitores de *e-books* e versões reduzidas do pacote Office. Na verdade, os fabricantes lutam uns contra os outros para colocar cada vez mais novidades nesses dispositivos, de tal forma que agora muitos vêm como acessórios como câmeras, reprodutores de mídia e GPS (posicionadores globais por satélite), tudo para sincronizar facilmente com seu PC, usando comunicação sem fio ou cabo. Mas é bom lembrar que alguns produtos se integram de forma mais aberta e isso deve ser levado em conta quando for comprar seu equipamento. Para a entrada de informações, os PDAs usam uma tela sensível com reconhecimento de caligrafia ou um miniteclado. Nenhum dos dois é particularmente apropriado para a entrada de grandes quantidades de dados, mas para aqueles que usam o PDA como alternativa ao *laptop* existem teclados dobráveis que podem permitir uma experiência de digitar próxima ao que seria considerado normal. A maior parte dos PDAs pode ser conectada a um celular compatível, permitindo a transmissão de *e-mails* e navegação pela Internet de qualquer lugar, ao passo que os *smartphones* possuem um nível além de sofisticação, ao integrar o celular e o PDA em um só aparelho. Isso pode resultar num certo compromisso... funções menos convenientes de PDA, um tamanho menor de tela – mas sem dúvida a idéia de integrar os dois aparelhos num só, portátil, traz muitas vantagens. Se você dispensou de uma vez a idéia do PDA como cara ou pouco adequada a suas necessidades, pode valer a pena examinar o assunto outra vez. A potência e a conectividade melhoraram muito nos últimos anos, enquanto os preços baixaram.

QUAL SISTEMA É MELHOR?
Tudo depende da forma como você trabalha. Sistemas baseados em papel possuem nitidamente menos recursos em termos de referências cruzadas, e requerem certo grau de duplicação. A eles falta a facilidade dos lembretes automáticos e fica mais fácil de os itens se perderem. Por outro lado, colocar ou extrair informação de sistemas baseados em computadores pode interromper o fluxo de outras atividades, e podem aparecer novas habilidades a serem aprendidas, como a escrita de letras de forma necessária para os programas de reconhecimento de escrita dos PDAs. E não subestime o fator imponderável. Se você começa a se interessar por dispositivos eletrônicos, é possível que se deixe entusiasmar pelo que seu PDA ou computador é capaz de fazer, em vez de fazer apenas o que você realmente precisa.

Mais e mais de nós estão se voltando para a tecnologia a fim de ajudar nossa organização, porém certamente não chegou ainda o momento de determinar o final da era dos métodos baseados em papel. Mesmo os mais compromissados com a tecnologia admitem que para determinadas tarefas preferem papel – por exemplo, mapear as atividades a serem incluídas num projeto antes de chegar ao planejamento detalhado. De minha parte, apesar de usar uma combinação de PDA e de PIM em meu PC, sempre mantenho um caderno à mão, muitas vezes preferindo escrever uma anotação a ser inserida mais tarde no computador do que interromper o fluxo de outra atividade ao ligar o PDA ou passar para o Outlook.

A LISTA "A FAZER"

Seja sua lista "a fazer" escrita nas costas de um envelope ou brilhe piscando na tela de seu computador, o propósito essencial é o mesmo, e também as desvantagens. Pode ser uma ferramenta simples e poderosa ou um exercício inútil. A diferença está em como você a aplica, e existem pontos importantes para se ter em mente se você pretende que a lista "a fazer" seja eficiente para você.

A primeira pergunta é: de onde vem sua lista? Não vai ajudar muito se for apenas uma coleção dos itens que aparecem em sua cabeça a cada manhã. Tal lista tende a se focalizar bastante nos itens atraentes ou urgentes, mas não necessariamente nos importantes. Seu planejamento irá se beneficiar se você tiver uma lista "básica" da qual extrai suas listas diárias e semanais. Isso é relativamente direto se você der atenção apropriada às dimensões de longo termo de suas atividades – dividir projetos e objetivos maiores nas tarefas requeridas para assegurar sua realização.

Separe sua lista "principal" em categorias diferentes para mantê-la gerenciável e para ser capaz de construir, editar e visualizar uma área determinada de atividade em isolamento. Se você estiver usando o Outlook, vá para "Editar\Categorias" a fim de mudar a lista de categoria principal. Livre-se de alguns dos modelos pré-formatados e irrelevantes, e estabeleça novos modelos, à medida que a necessidade surgir.

Dificuldades com listas "a fazer" na maior parte das vezes ocorrem como resultado de expectativas pouco realistas do número de tarefas que podem ser completadas num período determinado. Compilar uma lista de tarefas fornece um sentido de estar atualizado com nossa carga de trabalho e é fácil deixar-se arrebatar. A conseqüência é uma lista que pode ser desafiadora e alimentar uma tendência à procrastinação. Estresse por tarefas não cumpridas substitui o sentimento de satisfação produzido por completar a lista, e essas tarefas se tornam quase permanentes – caminhando de um dia para o outro e de semana para semana até que finalmente todo o exercício é abandonado.

Assim, é muito importante que você crie o hábito de realizar as coisas que listou. Mantenha suas expectativas dentro do razoável e não permita que os itens passem de um dia para o outro. Estabelecer datas para as tarefas-chave irá ajudar você a reestruturar seu progresso no sentido de finalizar projetos e objetivos maiores; ao determinar as datas para cada tarefa, porém, no momento de colocá-las pela primeira vez em sua agenda de papel ou eletrônica, podem acontecer acúmulos de tarefas das diferentes áreas de atividade, quando reunidas. Sua lista principal será mais gerenciável se você tiver o hábito de revê-la com regularidade e estabelecer datas menos críticas para as tarefas na semana ou na noite anterior antes de atingir o prazo determinado.

> **Atividade**
> Antes de deixar esta seção, separe alguns minutos para refletir sobre como você planeja e acompanha seu tempo atualmente. Que mudanças você poderia fazer com as ferramentas que está usando no momento?

Marcando seu tempo – estimando a necessidade de tempo

Você começa o dia com, vamos dizer, uma dúzia de itens em sua lista "a fazer". Que confiança você tem de que ao final do dia elas estarão todas feitas? Não muita, a não ser que você faça uma estimativa de quanto tempo cada tarefa deve levar e as encaixe com os outros compromissos que preenchem seu dia. Não se trata apenas da confiança e credibilidade que ocorrem quando conseguimos fazer o que nos propusemos, embora isso não deva ser subestimado. Estimativas de tempo permitem que você utilize as janelas disponíveis em seu dia de forma apropriada. Se você tem meia hora entre compromissos, pode, sempre que possível, preenchê-la com uma tarefa de meia hora. Descobrir que uma tarefa que você calculou durar meia hora na verdade vai levar uma hora pode resultar em tempo adicional gasto para refocalizar sua atenção quando você voltar para ela.

Você nunca vai atingir a perfeição nessa estimativa de tempo. As tarefas irão conter elementos imprevistos, e todos temos uma tendência a superestimar o tempo necessário para completar aquelas tarefas de que não gostamos e para subestimar as de que gostamos. Mas se separarmos um instante para pensar sobre o que envolve uma tarefa antes de agendá-la, você pode auxiliar enormemente o gerenciamento de seu dia de trabalho.

Distribuindo tarefas pelas "janelas" do dia

Seu dia é provavelmente feito de compromissos fixos – horários marcados e elementos agendados regularmente – e de compromissos flexíveis – as tarefas que estão em sua lista "a fazer". Estimar aproximadamente o tempo que você espera que esses últimas durem pode lhe fornecer uma idéia de quando e onde você as espera encaixar. Não procure planejar o dia com muita rigidez nem passe muito tempo nesse processo. Deve ser uma forma simples e rápida de dar forma e equilíbrio a seu dia, encaixando tarefas nas "janelas" apropriadas, não um exercício burocrático. Lacunas de meia hora são uma forma administrável de dividir seu dia, embora para algumas tarefas menores você possa pensar em intervalos de um quarto de hora. Grupos de várias tarefas menores – cinco ou seis telefonemas, por exemplo – podem ser programados para um espaço de meia hora. Permita um pouco de folga em sua estimativa de tempo para alguns dos inevitáveis telefonemas e interrupções. Existe uma grande satisfação em completar uma tarefa em menos tempo do que você estimou, mas também é preciso manter a calma quando as tarefas demoram mais tempo do que o planejado. Acima de tudo, permaneça flexível e lide com o que quer que o dia traga para você.

Atividade – melhorar a precisão de seu horário

Se não é sua prática atual estimar o tempo que as tarefas vão ocupar, comece estabelecendo uma estimativa ao lado de cada item em sua lista "a fazer". Uma vez que comece, monitore a precisão de seu planejamento por vários dias:
▸ Faça uma estimativa aproximada de cada tarefa em sua lista "a fazer".
▸ Quando completar a tarefa, coloque o tempo real utilizado ao lado da estimativa.
▸ Compare as diferenças entre um e outro ao longo de uma semana.
▸ Existem padrões consistentes de super ou subestimativa?
▸ Existem motivos que você perceba para essa imprecisão?
▸ O que você pode fazer para melhorar a precisão?

Procrastinação

Adiar algumas tarefas muitas vezes é necessário e inevitável numa vida ocupada, mas se nos entregarmos à procrastinação habitual produziremos estresse desnecessário, que reduzirá bastante nossa eficiência. Provavelmente é o maior problema de gerenciamento de tempo para a maioria de nós, e precisamos examinar por que ocorre isso e o que podemos fazer a respeito.

A primeira dificuldade é que não admitimos para nós mesmos o que estamos fazendo. Apresentamos várias desculpas:

> "Eu não tenho toda a informação de que preciso para continuar esse assunto."
> "Não tenho tempo no momento para fazer isso direito."
> "Existem outros prazos mais urgentes."
> "Se eu não fizer nada, isso provavelmente vai embora."

Cumprimos primeiro os itens mais fáceis e aqueles que podem ser mais atraentes, ao passo que algumas das tarefas mais importantes permanecem sem serem feitas. Porém o estresse de não fazer uma tarefa determinada geralmente é maior do que o envolvido em executá-la. Desperdiçamos tempo e energia nos preocupando com as coisas que não fizemos quando, com um pouco mais de resolução, poderíamos tê-las resolvido.

Não é, porém, só uma questão de dizer a nós mesmos para mostrar maior determinação. A procrastinação pode se tornar um hábito profundamente enraizado que se alimentou da indulgência ao longo dos anos. Adiamos resolver tarefas por vários motivos:
> medo de falhar ou cometer erros;
> monotonia;
> incerteza sobre o que fazer para resolver uma questão;
> ansiedade sobre a possível conseqüência da ação;
> perfeccionismo – falta de vontade de começar uma tarefa a menos que possa ser completada com perfeição.

Adiar as tarefas para outro dia não é o único problema. Da mesma forma, permanece a tendência de não atacar o problema principal, usando as tarefas menores como diversificações auto-impostas. Sabemos no que deveríamos estar gastando nosso tempo, e podemos até ter vontade de começar logo, porém ainda assim experimentamos uma curiosa resistência. Usamos qualquer desculpa para dirigir nossa atenção para outro lugar. Verificar as caixas de entradas de *e-mails*, apanhar um café ou telefonar a um amigo podem subitamente se tornar prioridades sobre a tarefa na qual estamos envolvidos. Dizemos a nós mesmos: "Só mais alguns minutos e já vou começar..."; porém, uma vez que a interrupção foi feita, leva a outras tarefas igualmente urgentes, e meia hora pelo menos se passa antes que pisquemos os olhos.

Quanto mais nos entregamos ao hábito da procrastinação, pior se torna. As tarefas adiadas rotineiramente podem se tornar quase impossíveis de realizar.

Estratégias para vencer a procrastinação

Como a maior parte dos problemas, o reconhecimento da existência é o primeiro passo a transpor. Mantenha um olho em qualquer tendência a alimentar-se das desculpas expostas no início desta seção. Observe a si mesmo ao longo de alguns dias e repare em sinais de resistência a tarefas determinadas. Pergunte a si mesmo quais são os motivos: medo e ansiedade, monotonia, incerteza, perfeccionismo – nem sempre se aplicam os mesmos. Uma vez que você tenha identificado o(s) motivo(s), é mais fácil escolher as estratégias apropriadas para superar o problema:

▹ Equilibre a dor. A perspectiva de resolver as tarefas que você está evitando envolve um elemento de dor identificada, contudo não realizar envolve mais dor ainda. O problema é que a dor é encarada como um grande obstáculo – que fica pior quanto mais tempo é adiada a tarefa –, ao passo que a dor de não fazer vem na forma de uma irritação constante. Você precisa equilibrar as duas, de forma que a dor de não fazer a tarefa ultrapasse a dor percebida de fazer. Você pode conseguir esse efeito ao:

– esclarecer em sua mente as conseqüências de procrastinar em termos de perder o controle sobre sua vida;

– introduzir penalidades por não realizar as tarefas;
– assumir um compromisso público ou entregar-se como responsável pela não-realização de determinadas tarefas. Perceba a dor reparando na freqüência com a qual essas tarefas que você vem evitando se revelam menos assustadoras do que você imaginou, e use esse conhecimento como referência para ajudar a ultrapassar futuras ansiedades.

- De forma análoga, repare no prazer existente do outro lado da situação. Que prazer você obtém ao procrastinar? A resposta, geralmente, é nenhum. Como irá sentir-se se realizar as tarefas às quais vem resistindo? Imagine o final da semana no qual você conseguiu realizar tudo aquilo a que se propôs e perceba quais seriam seus sentimentos...
- Certifique-se de que qualquer coisa adicionada a sua lista "a fazer" seja um compromisso real e não uma intenção vaga. Mantenha a lista curta para começar e revise o que conseguiu ao final de cada dia e ao final de cada semana.
- Não permita que as tarefas adiadas fiquem num local onde acumulem mais pressão e se tornem ainda mais difíceis de realizar. Arranje sua lista "a fazer" de forma que as tarefas mais temidas sejam as primeiras do dia com as quais você irá lidar. Sua recompensa será um dia ou uma semana mais fácil e agradável à medida que o tempo passa.
- Marque determinados horários em sua agenda para executar tarefas que não gosta, ou às quais resiste. Ritualize tarefas tediosas e recorrentes, incluindo-as em horários determinados em seu dia, até que se tornem rotinas estabelecidas que exijam pouco esforço mental para serem iniciadas.
- Expulse a monotonia permitindo-se pausas controladas em horários determinados, ou quando determina-

da porção da tarefa estiver terminada; porém, mantenha sua disciplina para que as pausas não se tornem um distração sobre a tarefa principal.
- Reconheça quando os recursos a sua disposição são suficientes para conseguir um bom trabalho. Não espere apenas perfeição.
- Dê a si mesmo reforço positivo sempre que tiver sucesso ao lidar com as tarefas às quais tem resistido. Isso pode consistir num aplauso mental, numa nota positiva em sua agenda ou em alguma recompensa palpável.
- Procure um ponto fácil para iniciar as tarefas que o deixaram incerto sobre onde começar. O importante é começar, num ponto qualquer.
- Períodos curtos de atividade concentrada – 5 ou 10 minutos por vez – podem funcionar bem como forma de ultrapassar a inércia. Servem para vencer os possíveis obstáculos psicológicos associados a uma tarefa difícil ou desafiadora. Você pode se surpreender com quanto é possível conseguir em apenas poucos minutos, e se você considerar uma tarefa dessa forma, de repente ela passa a não parecer mais desafiadora, e você está começando a conseguir o *momentum* necessário para levá-la até o final.
- Divida as tarefas grandes e complicadas em pedaços menores e palatáveis, de forma que pareçam menos formidáveis.
- Estabeleça seus próprios prazos para as tarefas que não são impostas externamente.

Atividade – pergunte a si mesmo:
- Quais são as tarefas que costumo adiar regularmente?
- Quais são os motivos para isso?
- Que estratégias posso adotar para ultrapassar esse fato?

Cumprindo prazos finais

Existem cinco motivos principais para que os prazos finais não sejam cumpridos:
- O prazo era irreal desde o princípio.
- O prazo final foi planejado de forma pouco adequada.
- A pessoa responsável por estabelecer o prazo final é incapaz de iniciar a tarefa.
- A pessoa responsável pelo prazo final não foi atendida por outros.
- A pessoa responsável pelo prazo final passa mais tempo do que o necessário na tarefa.

Lidando com prazos irreais

O melhor momento para lidar com um prazo pouco realista é quando ele está sendo estabelecido. Se você imagina que está sendo colocado numa tarefa cujo prazo final não é adequado, demonstre que você estudou o caso usando o relógio, em vez de simplesmente rejeitar a proposta. Adote a postura positiva de quem deseja resolver o problema. Estabeleça os cenários necessários para realizar as tarefas a tempo, e elabore outras formas de atravessar a dificuldade – tais como recursos adicionais que o ajudem a realizar as coisas no espaço de tempo requerido – ou se é possível que o prazo final seja reconsiderado. Infelizmente, prazos finais raramente são estabelecidos num mundo que funciona perfeitamente, e apesar de a escala de tempo para o projeto parecer razoável quando encarada isoladamente, as probabilidades são de que entre em conflito com outras tarefas que também possuem prazos finais. Uma tática que você pode adotar com a pessoa que está estabelecendo o prazo final é perguntar se existem prioridades sobre os outros prazos finais nos quais você já está trabalhando; se for assim, qual ele deseja que você adie para poder atender ao prazo imposto pela nova tarefa. Lembre também que alguns dos prazos mais irreais são os que nós mesmos estabelecemos. Assim como empilhamos atividades demais em nossas listas "a fazer", superestimamos o que seremos capazes de fazer nas semanas e meses seguintes.

Em algumas circunstâncias podem existir prazos finais pouco realistas mas não sujeitos a nenhum tipo de influência. Podem vir de exigências externas, legais ou de clientes. Se isso ocorrer, a única solução é usar as outras locações de seu tempo para abrir espaço livre que irá permitir a realização da nova tarefa. Mais uma vez, é essencial que você aplique essa medida com antecedência suficiente para fazer diferença.

Antes de começar a trabalhar, certifique-se de que esteja completamente livre de outra coisa que o exija, saiba que recursos tem a sua disposição e com que apoio extra você pode contar, se for necessário. Quando esses itens não são considerados, é freqüente que o prazo não seja atingido.

Planejando cumprir seu prazo final

Muito bem, você aceitou o prazo final. Você agora precisa planejar a implementação. Divida a tarefa ou projeto em uma série de estágios que irão levá-lo a uma conclusão bem sucedida e tentar estimar a quantidade de tempo que cada um vai levar. Calcule o número de dias de trabalho entre o momento presente e o término planejado e pergunte a si mesmo o que vai precisar fazer a cada semana (ou a cada dia, se você estiver lidando com um prazo reduzido) para conseguir realizar o que se propõe. Deixe folga suficiente para levar em conta eventos e demoras inesperadas e certifique-se de que, ao estimar o tempo e a necessidade para cada estágio, você tenha levado em conta os outros compromissos que utilizam seu tempo.

Enquanto você trabalha na direção de completar seu projeto, use os prazos parciais para cada estágio como referência – pontos nos quais você pode monitorar seu progresso e assegurar-se de que tudo está correndo de acordo com o plano. Use-os para dar a si mesmo o reforço positivo necessário para manter alta a motivação. Se você for capaz de se adiantar a seu horário a qualquer momento, resista à tentação de relaxar ou diminuir o ritmo. Use esse tempo para ganhar flexibilidade adicional ao final do projeto. Os elementos que unem os outros são freqüentemente os mais fáceis de serem subestimados.

Incapacidade de começar a trabalhar

Essa tendência geralmente é acompanhada por um planejamento deficiente. Pode ser que você não tenha certeza sobre ter todas as informações de que parece precisar para começar, ou talvez seja porque a data final parece ainda tão distante. Você convence a si mesmo de que possui muito tempo e de que tem certeza de poder começar em um dia ou dois. As pessoas muitas vezes procrastinam para iniciar um projeto porque lhes falta confiança em sua habilidade de ter sucesso, ou porque não sabem onde começar. Se for esse o caso, então deixe as preocupações de lado e comece onde quer que lhe pareça melhor. O *momentum* que você ganha ao entrar na tarefa geralmente contrabalança quaisquer ineficiências que resultem de cenários fora de ordem.

Evite ser prejudicado pelos outros

Muitas vezes o término de um projeto ou tarefa não está inteiramente em suas mãos e você pode depender de outros para manter seu prazo final. Mais uma vez, o bom planejamento é a chave para assegurar-se de que os outros não representem problemas para você. Reconheça que eles possuem prioridades próprias, que são diferentes das suas. Deixe que saibam com antecedência o que você deseja deles e a data na qual precisa de seus resultados. É bom usar a técnica de estabelecer essa data alguns dias antes da que você realmente vai precisar do resultado. Faça seus pedidos tão claramente quanto possível para evitar qualquer interpretação errônea.

Não passe por cima do topo ao procurar perfeição

Esse é outro sinal de falta de confiança. Pode ser uma questão de pesquisa ou reunião de informações que esteja fora de proporção com a tarefa em andamento, e o resultado é que a pessoa encarregada da tarefa se irrita e não consegue ver o bosque por causa das árvores. Ou pode ser falta de vontade de largar o projeto – não querer parar de polir e lustrar, com o objetivo de produzir a tarefa perfeita. Você precisa evitar essas duas tendências e reconhecer o ponto além do qual os esforços não produzem um retorno proporcional.

> **Atividade – pergunte a si mesmo:**
> ▸ Que prazos finais difíceis tenho recebido ultimamente?
> ▸ Quais foram os motivos para a dificuldade?
> ▸ Como preciso mudar minha forma de pensar para resolver esses problemas, no futuro?

Gerenciamento de tempo e projetos

Tenho me referido aos projetos várias vezes neste capítulo, e parece valer a pena passar alguns minutos considerando as exigências que um determinado projeto coloca em seu tempo. No contexto deste capítulo, devemos encarar o termo "projeto" como a inclusão de qualquer incumbência que leve a um resultado significativo, em que o final bem sucedido requer o término de um número de elementos num período específico. Pode ser um trabalho que você empreenda por sua própria iniciativa ou envolver a realização de trabalho por parte de outros.

Uma das maiores dificuldades com a atividade dos projetos, sob a perspectiva de um administrador de tempo, é que precisam ser realizados juntamente com outros trabalhos. Voltando para a classificação dos trabalhos por importância e urgência que usamos no início do capítulo, geralmente essa atividade fica no setor B – importante, mas não urgente – e por esse motivo pode ser tirada da agenda por outra pressão mais urgente, que pode ser menos importante. O cuidado no planejamento e acompanhamento de seus projetos é, portanto, vital.

Livros inteiros têm sido escritos sobre planejamento e administração de projetos e existem certas técnicas complexas e necessárias para lidar com projetos de centenas de horas de tarefas críticas, possivelmente envolvendo dados de numerosos indivíduos ou organizações. Este livro, preocupado com a organização pessoal, certamente não entrará nesse nível de complexidade, mas existem alguns princípios básicos que se aplicam a todos os projetos. Qualquer projeto deve constar de cinco estágios:

- **iniciar** – esclarecer os propósitos gerais, estabelecer objetivos;
- **planejar** – dividir o projeto em tarefas e atividades; decidir em que ordem elas devem ser realizadas; determinar a escala de tempo, resolvendo que recursos são necessários;
- **executar** – executar o trabalho, coordenar o resultado dos outros, resolver dificuldades;
- **monitorar** – assegurar que o horário esteja progredindo de acordo com o plano; redefinir, reagendar e relocar recursos, se necessário;
- **completar** – finalizar os trabalhos, rever os resultados.

As habilidades organizacionais requeridas para completar projetos são, em grande parte, aquelas cobertas pelas outras partes deste livro – estabelecer objetivos, delegar, cumprir prazos, estimar exigências de tempo –, mas você precisa dar atenção particular à definição de tarefas e à ordem na qual elas devem ser realizadas. Isso é algo que exige que você formule um determinado número de perguntas:

- Que atividades são necessárias para conseguir esse objetivo?
- Em que ordem elas devem ser executadas?
- Alguma delas precisa ser dividida em tarefas menores?
- Que recursos são necessários para realizá-las?

O problema mais comum em definir tarefas é uma tendência a aceitar as primeiras respostas que surgem. Não espere, mesmo com projetos diretos, conseguir todas as respostas de uma só vez. Reveja sua primeira tentativa. É muito provável que você perceba novos elementos, que inicialmente não eram aparentes.

Dependendo da complexidade do projeto, pode ser necessário identificar subprojetos, cada um contendo seu próprio conjunto de tarefas e subtarefas. Algumas tarefas irão depender de completar outras, ou podem ter outras dependendo delas. Adiamentos ao completar tais tarefas podem alterar toda a programação do projeto; portanto, é importante que você estabeleça datas para iniciar e finalizar todas elas, e que identifique qual é o espaço para as demoras.

Se você estiver lidando com um projeto que possui muitas tarefas inter-relacionadas, o planejamento desses projetos pode facilitar enormemente o processo. Permitirá que você altere horários e relacionamentos e adicione ou altere tarefas até que esteja satisfeito com o cronograma do projeto. Você pode então fazer uso dos recursos de planejamento e acompanhamento oferecidos pelo *software*. Entretanto, esses pacotes de programas não são simples e podem envolver um aprendizado significativo se você não está acostumado a usar convenções de planejamento. Por esse motivo, um programa gerenciador pessoal de informações (PIM) é mais indicado do que um *software* especializado para esses projetos, pois não é muito complicado.

Sumário

Se você quiser organizar seu tempo com maior eficiência, precisa:
- estar consciente da forma como seu tempo está sendo usado;
- ser capaz de planejar sua atividade por meio de vários esquemas de horário;
- selecionar o planejamento e as ferramentas de acompanhamento que funcionam para você;
- estimar o tempo necessário para completar tarefas;
- eliminar a procrastinação;
- adotar uma abordagem organizada para cumprir os prazos;
- planejar e acompanhar as atividades do projeto.

3

Compreenda sua forma de trabalhar

Depois de planejar, priorizar seu trabalho e tomar medidas para gerenciar seu tempo, o ponto seguinte a considerar é a forma como você se põe a resolver o assunto. Neste capítulo, vamos examinar a abordagem às tarefas que pode melhorar muito sua eficiência: marcar tarefas nos momentos apropriados; trabalhar em períodos curtos para manter a concentração; mobilizar o poder do hábito e lidar sistematicamente com decisões.

Agende as tarefas em momentos apropriados

É provável que sua carga de trabalho consista de uma variedade de tarefas diferentes. Você tem uma jurisdição limitada sobre quando desempenhar tarefas que dependem da disponibilidade dos outros mas, para a maior parte das tarefas haverá certa flexibilidade nos horários. A grande maioria será encaixada num dos grandes grupos seguintes:

▸ *tarefas de manutenção:* aqueles trabalhos de rotina que são essenciais para manter você funcionando adequadamente – permanecer informado, lidar com o fluxo de entrada e saída de informações, organi-

zar seu espaço de trabalho, completar a correspondência de rotina;
▸ *tarefas com pessoas:* negociar, participar de reuniões, persuadir, rever o desempenho, entrar em rede, resolver queixas, apresentar, treinar, entrevistar;
▸ *criação, planejamento e solução de problemas:* preparar planos e apresentações de projetos, escrever relatórios, analisar informações e tirar conclusões, encontrar soluções para problemas, gerar novas idéias.

Esses são apenas alguns exemplos. Dependendo da natureza de seu trabalho, existirão outros apropriados para você.

Reconheça as exigências que as diferentes tarefas colocam sobre você

Falando de uma forma geral, as tarefas de manutenção irão trazer as exigências mais limitadas de energia. Mais tarde, neste capítulo, iremos examinar como muitas delas podem se tornar menos exigentes pelo controle do poder do hábito. Planejamento criativo e tarefas de solução de problemas irão normalmente requerer a maior quantidade de atenção concentrada e também maiores períodos, por causa da necessidade de preparação para avançar velozmente antes de ser capaz de realizar progresso significativo. As tarefas de outras pessoas podem ser de longa ou curta duração, mas são freqüentemente aquelas que exigem mais de sua energia emocional.

As tarefas que podem envolver um elemento de confronto são as mais desgastantes. Se você possui várias dessas tarefas, experimente juntá-las – uma depois da outra. A quantidade de energia que você precisa juntar para resolver a primeira tarefa, ajuda você a continuar pelas seguintes, e no geral você irá achar emocionalmente menos extenuante do que ter de preparar-se para cada uma individualmente.

Estamos todos familiarizados com a idéia de um relógio biológico que regula nosso sono e nosso acordar. Qualquer um que já tenha trabalhado durante a noite ou cruzado fusos horários poderá dar seu testemunho sobre o efeito desorientador desse desequilíbrio. Porém, damos menos atenção para os picos e horários nos quais estamos mais alertas em nosso período de vigília e que variam significativamente de indivíduo para indivíduo. Nem é preciso mencionar que os ciclos alertas de seu dia podem ter um efeito poderoso em seu desempenho. Vale a pena agendar as tarefas cansativas nos horários em que você é mais capaz de lidar com elas.

Quais são suas melhores horas?

Estamos acostumados a nos descrever em termos gerais – "não sou uma pessoa da manhã", "faço meu melhor trabalho à noite" –, mas você já reparou em seus padrões de trabalho em termos que não sejam gerais? Você pode ter ficado preso a uma forma de trabalhar que não se adapte ao ritmo de seu corpo como resultado de dificuldades ao organizar seu dia. Você pode presumir, por exemplo, que as noites são o melhor período para planejar e resolver problemas, quando na verdade essas tarefas ficaram relegadas a esse período porque você achou impossível dar a elas a concentração necessária no meio das interrupções e distrações das horas normais do dia. Se, como resultado de uma melhor organização, você puder lidar com elas mais eficientemente sem interrupções, poderá ter de rever suas idéias sobre as melhores horas para lidar com determinadas tarefas.

Comece examinando a forma como você trabalha atualmente com um pouco de análise simples. Registre sua atividade diária a cada dia da semana. Isso pode assumir a mesma forma de sua lista "a fazer", completada pelas outras atividades de rotina que constituem seu dia. Marque cada item com três símbolos:

1. uma letra para indicar o tipo de tarefa: "m" para manutenção, "p" para pessoas, "c" para criativo.
2. um número entre 1 e 5 para mostrar a hora do dia em que você a desempenhou: 1 = manhã cedo, 2 = final da manhã, 3 = começo da tarde, 4 = fim da tarde, 5 = noite.
3. sinais de "+" ou "–", indicando níveis percebidos de energia: ++ = alta energia, + = energia moderada, – = energia baixa, – – = energia muito baixa.

Ao final da semana, examine os resultados para verificar se existe algum padrão de atividade que garanta uma mudança. Existem tarefas intensivas que você está realizando atualmente em horas de energia baixa? Existem tarefas fáceis de manutenção que seriam mais úteis ocupando esses horários? Faça ajustes em seu horário na semana seguinte e repare no desempenho.

Por que você nem sempre pode depender do mesmo ritmo corporal

Seu horário normal de pico de energia é um bom guia para as horas em que você costuma marcar suas tarefas mais desgastantes, mas não o encare como infalível. Nos dias em que você está levemente desfocado, ou depois de uma semana exaustiva, pode não haver picos apreciáveis de energia e qualquer atividade desgastante pode ser um sacrifício. Se você puder escolher, não trabalhe com uma tarefa que não está indo bem. Nessas circunstâncias, não é provável que você ache fácil o trabalho. Seria melhor mudar para uma tarefa de rotina e voltar à intensa quando estiver descansado e reenergizado. Cuidado, entretanto, para não usar isso como simples desculpa para a procrastinação.

Do outro lado da moeda, porém, quando as coisas estão indo particularmente bem, não pare apenas porque você alcançou a cota diária. Se tiver energia e criatividade para gastar e a tarefa estiver fluindo... continue nela. Mantenha seus horários flexíveis e esteja preparado para ouvir às sugestões de seu corpo.

Escolha a tarefa adequada a seu tempo disponível

Existem algumas tarefas que você só pode realizar se tiver uma determinada quantidade de tempo disponível – precisa reunir recursos em seu redor, estar com a disposição adequada e certificar-se de que não terá interrupções. Outras tarefas você pode resolver ou descartar com maior rapidez. Não desperdice seu tempo tentando se equipar para uma tarefa demorada quando tem pela frente apenas pouco tempo disponível. Mantenha algumas tarefas curtas à mão para os momentos em que está esperando alguém que está atrasado, quando uma reunião não começa na hora certa ou quando está esperando um trem.

Mantenha a concentração e a motivação

Nossa capacidade de manter a concentração irá variar de acordo com a natureza da tarefa, com a hora do dia e com o grau de distração, mas, mesmo com todas as condições ideais, ela termina. Quando estiver executando tarefas longas e mentalmente intensas, você precisa de intervalos regulares que lhe permitam manter o foco. Mas, como já deve ter notado, é fácil deslizar para os hábitos desorganizados; portanto, o intervalo se torna uma distração com um *momentum* próprio e evita que retornemos para a tarefa principal que está sendo realizada. Negocie com sucesso seu caminho pelas tarefas longas, adotando as seguintes regras:

1. Faça intervalos curtos e razoavelmente freqüentes, mas nunca os inicie por impulso.

2. Estabeleça para si mesmo uma série de pequenos objetivos, cada um com um elemento de desafio que seja desgastante mas realizável, até terminar toda a tarefa. Um período entre 30 e 60 minutos para cada objetivo geralmente é o mais eficiente. Você pode ser capaz de se concentrar em algumas tarefas por um período maior, porém a maior parte da atenção estará em outro lugar ao final desse período. Um desafio difícil de ser realizado em uma hora é menos estressante do que um no qual você espera levar duas horas, e você também acha menos provável conseguir uma folga. É possível dedicar-se a uma tarefa durante esse período e conseguir mais do que você julgaria possível.
3. O elemento sincronizado a seu objetivo é importante para uma abordagem disciplinada ao trabalho, mas prefira completar sua tarefa a manter-se rigidamente preso a suas programações de tempo. Se você conseguir em menos tempo do que o esperado, melhor — cumprimente a si mesmo. Se levar um pouco mais de tempo do que imaginou, fique com a programação. Em tais situações, você pode estabelecer um objetivo mais curto para consegui-lo dentro do tempo estipulado, ou procurar uma forma de contornar o obstáculo que bloqueou seu progresso, talvez buscando um ângulo diferente para o problema ou movendo-se para uma nova parte de sua tarefa original com a idéia de retornar à área problemática mais tarde. Não permita que um obstáculo inesperado seja desculpa para largar suas ferramentas.
4. Ao final de cada objetivo parcial, antes de fazer uma pausa, estabeleça seu próximo objetivo e comece-o por alguns minutos. Dessa forma, você retornará para o trabalho já em andamento, e o esforço de retomar o foco será significativamente menor.

5. Muito bem, agora você pode fazer sua pausa. Alguns minutos fazendo algo diferente são o suficiente. Pode ser uma tarefa rápida de manutenção, um telefonema sem desgaste ou a oportunidade de esticar as pernas ou relaxar os olhos depois de um período de atividade ao computador. O que importa é que deve ser diferente da tarefa que você estava realizando, e você não deve permitir que se transforme numa distração por muito tempo. Se surgir alguma outra tarefa complementar, dê a ela seu próprio tempo na lista "a fazer" e retorne ao trabalho principal.

Mobilize o poder do hábito

Você possui uma quantidade finita de energia a cada dia e quer ser capaz de usá-la de forma tão produtiva quanto possível. É grande, porém, a possibilidade de estar gastando seus recursos em todos os tipos de tarefas triviais e consumidoras de tempo, que evitam o progresso dos projetos maiores, os quais requerem a manutenção da concentração e outros esforços combinados. Ao utilizar o poder do hábito, você pode liberar a energia de que precisa para devotar às tarefas intensivas que irão realmente fazer diferença em sua eficiência. Se você se orgulha de trazer um elemento de criatividade para seu trabalho e possui uma antipatia instintiva na direção de qualquer coisa que o aproxime de tornar-se uma criatura de hábitos regulares, console-se sabendo que ter alguns hábitos e rotinas em seu cotidiano pode liberar mais energia para resolver as coisas criativas em outros momentos.

Considere as rotinas que você realiza quando se levanta de manhã – escovar os dentes, por exemplo. Se tornaram incorporadas, parte da forma como você começa o dia... e você não se preocupa com elas. Elas não exigem esforço mental. Existem tarefas em seu dia de trabalho que podem ser transformadas no equivalente a escovar os dentes. Podem não permitir o mesmo grau de desligamento mental, mas são tarefas que utilizam energias desnecessárias. Alinham-se ao lado de todas as outras exigências em seu horário ocupado – você precisa decidir o que fazer com elas e preocupar-se com elas quando não estão feitas. Um número de tarefas organizacionais apresentadas neste livro pode ser assunto de hábitos e rotinas.

- Atualização dos horários para a semana\dia seguinte – Capítulo 2.
- Manipulação das informações que chegam – Capítulo 4.
- Manutenção de seu espaço de trabalho vazio e organizado – Capítulo 6.
- Arquivamento de rotina e manutenção de computador – capítulo 7.

Existirão outras rotinas específicas para seu trabalho. Do outro lado dos hábitos saudáveis, que podem liberar nossas energias para atividades mais importantes, estão os atuais hábitos negativos de trabalho, que nos condenam à ineficiência.

> Frances Craig é um exemplo clássico de uma trabalhadora com a mesa bagunçada. Disciplinada e organizada em outros aspectos, ela trabalha entre papéis que a distraem. Está consciente do tempo que passa procurando coisas entre as pilhas de papel que atulham sua superfície de trabalho e de que, com um pouco mais de disciplina, poderia limpar sua mesa diariamente e trabalhar com mais eficiência. De vez em quando entra num trabalho de limpeza periódica, no qual documentos importantes podem ser jogados fora com os inúteis, mas até agora não conseguiu desenvolver o hábito de limpar a superfície da mesa.

Quem determina o hábito?

Os hábitos, positivos e negativos, são determinados pela repetição e reforço. Todos estão conscientes do papel da repetição na formação de hábitos, mas muitas vezes falhamos em persistir pelo tempo suficiente para transformar um hábito numa nova rotina automática. Precisamos lembrar também que a repetição só funciona se for acompanhada pelo reforço.

O *reforço* pode ser positivo ou negativo. Muitas vezes exemplos de reforço positivo incluem uma palavra de congratulação (mesmo que venha de você mesmo) ou simplesmente a alegria de riscar um item da lista "a fazer". O reforço negativo pode vir na forma de desconforto desnecessário. Alguns reforços são mais fortes do que outros. Aqueles claros e imediatos são os que parecem ter mais efeito do que os que são vagos e futuros. No caso de Frances e seus hábitos de manutenção da mesa, as conseqüências de qualquer forma diferente de comportamento são vagas e indefinidas em comparação ao prazer imediato de olhar a mesa limpa, que lhe proporciona a habilidade de se mover com rapidez e facilidade de um trabalho para outro, com o mínimo de preparação ou triagem de limpeza. Para mudar os hábitos de comportamento, ela precisa fazer uma conexão entre os diferentes hábitos e suas conseqüências e aprender como lidar com esse reforço a cada vez que exibir o comportamento desejado.

Os hábitos também são incentivados pelo ambiente – incluindo as próprias atitudes e percepções, aqueles próximos a você e à cultura que prevalece em seu local de trabalho. A visão de Frances dela própria como um tipo ocupado e criativo faz parte do cenário de seu comportamento, assim como a tendência, em seu local de trabalho, a enxergar uma mesa vazia como um indicador de alguém que não tem nada para fazer.

Segue-se que, de tudo isso, o fato de decidir criar novas rotinas em seu dia de trabalho não é uma garantia de sucesso. Você precisa se dirigir ao ambiente no qual seu hábito atual se criou e trabalhar em alimentar e reforçar o hábito desejado até que ele se torne automático. Não acontece repentinamente, mas o resultado final compensará a persistência necessária.

> **Atividade – pergunte a si mesmo:**
> ‣ Quais de meus hábitos atuais contribuem para o desempenho eficiente?
> ‣ Quais são os hábitos de trabalho que limitam o desempenho eficiente?
> ‣ Que novos hábitos eu poderia desenvolver para melhorar o desempenho?

Dicas para mudar de hábitos

- Comece a pensar em termos positivos sobre o hábito que você está trabalhando para implantar. Associe com resultados desejáveis – a chance de liberar tempo e energia para trabalho criativo e apreciável – em vez de focalizar na natureza monótona e mundana da tarefa em si.
- De forma similar, associe os novos hábitos a aspectos positivos de sua auto-imagem – eles são partes essenciais de sua criatividade e decisão, em vez de rotinas que despertam seus aspectos burocráticos.
- Mude o ambiente no qual esses hábitos que você deseja alterar apareceram. Por exemplo, faça coincidir uma mudança de mesa com uma limpeza geral em seu espaço de trabalho.
- Lembre-se de que o reforço positivo imediato é o que fixa os novos hábitos. Isso pode ocorrer na forma do prazer de riscar um item de sua lista "a fazer" porque foi cumprido, recompensar a si mesmo com algo desejável (agora posso ir para casa, agora posso ir almoçar) ou simplesmente parabenizar a si mesmo pela tarefa completada. Dê a si mesmo reforço positivo imediato todas as vezes em que se envolver com o novo comportamento.

- Atrele a nova rotina a momentos-chave de seu dia de trabalho – a primeira tarefa do dia, logo antes do almoço, logo depois do almoço, logo antes de ir para casa. Associar esses momentos com marcos definidos os torna mais difíceis de negligenciar.
- Continue a reforçar e monitorar o novo comportamento até que ele tenha se estabelecido. Inclua o novo hábito de trabalho em sua lista "a fazer" por várias semanas, e recompense a si mesmo por cumpri-lo religiosamente.
- Descubra formas de providenciar lembretes para aquelas rotinas introduzidas há pouco, que não ocorrem em base diária. Se usa um meio eletrônico de gerenciar seus compromissos, pode empregar essa ferramenta para lembrá-lo, no momento apropriado.
- Faça uso da lista, dos formulários e lembretes para reduzir o esforço mental envolvido em cumprir tarefas de rotina.
- Não tente muita coisa ao mesmo tempo – fique satisfeito com passos certos e progressivos, alimentando os novos hábitos até que esteja convencido de que foram estabelecidos. Só depois volte sua atenção para outro local.

Melhorando a capacidade de tomar decisões

As decisões vêm depois da ação. Se você sofre de indecisão ou tem dificuldade para tomar decisões, isso inevitavelmente terá efeito na qualidade de sua organização pessoal. E se você fica discutindo decisões que não precisam ser tomadas ou que poderiam ser delegadas para outra pessoa, então você inevitavelmente tem menos tempo e energia para as coisas que importam.

Existe um número de coisas que podem atrapalhar a tomada eficiente de decisões:

- medos e ansiedades;
- disponibilidade de informações e outros recursos;
- horários conflitantes;
- o comportamento dos outros.

Medo

O medo, como já vimos, dá origem à procrastinação. As decisões são muitas vezes adiadas ou transferidas para outro local, por medo de se tomar uma decisão errada. A ansiedade sobre o processo de implementar uma decisão pode ser tão importante quanto escolher o curso certo da ação. Mesmo que você saiba a coisa certa a fazer, a perspectiva de realizá-la pode parecer assustadora. Possivelmente contém a possibilidade de encontros desagradáveis com outros. Decisões difíceis sobre o que fazer com pessoas – questões disciplinares, por exemplo – são muitas vezes adiadas por esse motivo.

Informação

A informação é a causa da chamada "paralisia de análise". Ou existe informação insuficiente para tomar uma decisão adequada – muitas vezes uma desculpa usada para justificar a procrastinação – ou existe tanta informação que a pessoa responsável pela decisão fica sobrecarregada. Também há um elemento de medo na reunião de informações. Por um lado está o fato de que conseguir mais informações pode levar a complicações emocionais; por outro, existe o igualmente danoso medo de que, se interrompermos a entrada de informações, poderemos deixar de receber uma preciosa "pérola", que colocaria tudo nos eixos. Você precisa manter a aquisição de dados proporcional à importância da questão a ser resolvida e aprender a reconhecer o ponto no qual obteve dados suficientes para definir e avaliar adequadamente as decisões, sem perder tempo com trabalho adicional, produzindo benefícios de declínio rápido.

Timing – fazer na hora certa

Não é preciso falar sobre as janelas de oportunidade. Tomar a decisão certa na hora errada pode ser tão danoso quanto tomar a decisão errada na hora certa. Algumas decisões precisam ser tomadas com rapidez, e adiá-las vai fazer que o momento ideal passe. Mas é preciso tomar cuidado para não apressar decisões que precisam de consideração cuidadosa – talvez porque existam vários degraus para ela, ou porque possuam implicações para outras atividades. Também existem decisões de curto e longo prazo para a questão considerada. "Morder a bala" em favor de uma solução de longo termo geralmente é considerado melhor do que repetir respostas prontas.

O comportamento dos outros

Decisões não são tomadas no vácuo. A maior parte delas irá impactar outros, que virão com toda a cota de preconceitos, reclamações e bagagem política na forma de percepções de status, papéis e reputação. Podem ter necessidade de ser convencidos dos benefícios e talvez tenham de tomar posse da decisão. Ignore tudo isso e você pode esquecer sobre tomar a decisão.

Uma abordagem sistemática à tomada de decisão

Existem cinco partes ao tomar qualquer decisão séria:

1. Esclareça o assunto

Isso é mais bem realizado fazendo a si mesmo as seguintes perguntas:
- Por que preciso tomar essa decisão?
- Quais são os objetivos que pretendo atingir?
- De que informações preciso para tomar essa decisão?
- O que vai acontecer se eu não fizer nada?

- De que preciso para me envolver?
- Qual é a escala de tempo?
- Que recursos estão disponíveis para mim?

2. IDENTIFIQUE AS OPÇÕES DISPONÍVEIS
Esse é um ponto nos quais os curto-circuitos geralmente ocorrem. No processo de identificar as opiniões, uma bastante atraente emerge e o foco se move para longe da exploração de todas as possibilidades, na direção de apenas justificar a tomada daquela decisão em particular. Mesmo com decisões que requerem uma resposta rápida, vale a pena gastar algum tempo para assegurar que você identificou as opções possíveis antes de tentar avaliá-las.

3. PESE OS PRÓS E OS CONTRAS DE CADA OPÇÃO
Uma abordagem simples é adotar uma estratégia de folha de contabilidade para essa tarefa. Trace uma linha no meio da folha e, para cada opção, liste os prós de um lado e os contras do outro. Mantenha o objetivo do exercício claramente a sua frente enquanto fizer isso. Não trate os prós e contras como se eles possuíssem o mesmo peso. Você pode querer dar um peso diferente a cada um, vamos dizer, numa escala de um a dez. Alguns pontos podem ter significado absoluto em vez de relativo. Um único ponto contra pode ter tanto peso que elimine todos os pontos a favor. Cuidado também com o que pode parecer um ponto positivo desproporcional. O caráter de novidade de algumas opiniões pode levar à não-exploração adequada de todos os contras.

4. ELIMINE AS OPÇÕES ATÉ UM PONTO EM QUE VOCÊ SEJA CAPAZ DE ESCOLHER
Algumas opções serão descartadas imediatamente por não se adequarem ao objetivo ou por possuírem pontos muito fortes con-

tra elas. Para as que permanecem, você precisa levar em conta o risco que aparece com a implementação. Quão provável é que fatores fora de seu controle possam afetar a implementação bem sucedida da decisão? E qual é o equilíbrio do risco contra o ganho potencial? Considere também elementos como a "venda" da decisão àqueles que a precisam implementar.

5. Venda o resultado

Na verdade, tomar a decisão pode não ser o ponto em que o trabalho termina, mas onde o trabalho começa. Muitas vezes é uma questão de comunicar a decisão e conseguir o comprometimento dos outros, e esse é um ponto em que uma boa decisão muitas vezes deslancha. Comunicar a decisão é como um trabalho de venda, e os princípios da persuasão eficiente se aplicam:

- Aborde a tarefa do ponto de vista de sua audiência. Dirija-se às aspirações e receios deles.
- Estabeleça a credibilidade ao demonstrar um plano claro para a implementação da decisão.
- Venda os benefícios da decisão em vez de explicar muito os motivos que o levaram a tomá-la.
- Antecipe quaisquer objeções que possam ser levantadas e prepare respostas convincentes para elas.

Agora, continue

Reconheça que não se pode estar certo o tempo todo, particularmente quando várias pessoas estão envolvidas. No momento em que você tomou a decisão, sua implementação fica no futuro. As circunstâncias podem mudar, por motivos que você não poderia ter previsto na época em que havia tomado a decisão e porque você precisa manter as conseqüências das decisões sob observação. Mas, tendo escolhido a melhor opção, você precisa implantá-la e continuar, sem ficar revendo constantemente a opção de preocupar-se em saber se tomou ou não a melhor opção.

Sumário

Você poderá melhorar a organização eficiente de sua carga de trabalho se:
- reconhecer aquelas tarefas que exigem mais de você e agendá-las para quando está com mais energia;
- adequar a tarefa ao tempo que você tem disponível;
- construir hábitos positivos de trabalho e eliminar os negativos;
- praticar uma abordagem sistemática com a tomada de decisões.

4

Organize a informação

- A quantidade de informação com a qual você deve lidar parece estar constantemente crescendo?
- Você descobre a si mesmo revendo o mesmo material mais de uma vez sem parecer ter absorvido nada?
- Você gostaria de poder ler mais rápido e ao mesmo tempo melhorar sua compreensão?
- Você tem dificuldade em se manter atualizado com a leitura que acredita ser necessária para desempenhar bem sua função em seu trabalho?
- Será que os colegas bombardeiam você com *e-mails*, relatórios e cópias de outros materiais escritos de que você não precisa?
- Encontra-se mesmo incapaz de decidir o que fazer com os documentos que recebe?
- Você deixa itens de lado para lidar com eles mais tarde?
- Você guarda revistas e relatórios com a intenção de ler mais tarde, mas acaba não tendo tempo?
- Você é assolado por "lixo" na correspondência?
- Você acha difícil localizar uma informação que sabe estar num livro ou relatório determinado?

Se você respondeu "não" a todas essas perguntas, então você é um ser muito estranho no ambiente de trabalho dos dias de hoje. Pesquisas recentes mostraram que, pelo mundo desenvolvido, as pessoas estão lutando para lidar com as vastas quantidades de informação que devem manipular em seus empregos, um fator de estresse generalizado e declínio da produtividade.

Neste capítulo, examinaremos com uma abordagem sistemática a manipulação da informação que chega. Examinaremos formas de reduzir o volume do que chega até você, e as técnicas para ajudar você a ler, separar e assimilar essas informações com maior eficiência.

Identifique a informação importante

Algumas informações são instantaneamente reconhecidas como inúteis. Outros itens apregoam sua importância. Mas nem sempre é simples separar com certeza o que é vital do que é marginal. Use as seguintes perguntas para ajudar a determinar o valor de qualquer tipo de informação que chegue até você:

- Essa informação se relaciona a um elemento-chave em meu trabalho?
- Eu escolheria receber ou manter essa informação se tivesse de pagar por ela?
- Qual o pior que aconteceria se eu a ignorasse?
- Essa informação é necessária a essa altura? Se não for, terei acesso fácil a ela no futuro?
- 80% do valor vem de 20% da informação. Esse item pertence aos 20% superiores?

Você não pode ter certeza de acertar todas as vezes, mas resista à tentação de lidar com essa incerteza, usando a técnica: "Na dúvida, trate como importante". A perfeição da informação – sempre ter a informação certa na hora certa – não é possível. Enquanto a disponibilidade da boa informação é importante para seu desempenho no trabalho, maior quantidade de informação não irá garantir uma melhora. Além de determinado ponto, o valor da informação adicional irá declinar cada vez mais, e a informação não terá valor nenhum se existir em tamanha quantidade que não possa ser apropriadamente interpretada e compreendida. Portanto, reconheça que você não tem esperança de aceitar tudo, foque no que é mais importante e aceite que seu julgamento será imperfeito. Lembre-se da necessidade de discriminar entre o urgente e o importante. Itens que requerem uma resposta rápida podem assumir maior importância do que merecem. Um assunto de pouca importância que parece ter ficado de lado por vários dias não ganha importância porque seu prazo final se aproxima. Simplesmente se torna mais urgente.

Adote uma abordagem sistemática

Existe um mito comum, perpetuado por alguns programas de gerenciamento, afirmando que todo item de informação deve ser manipulado apenas uma vez. Não funciona assim no mundo real. Por uma série de motivos, você pode precisar retornar a um documento. Um item pode genuinamente ser necessário para reavaliação ou para comparação com outro documento antes que uma decisão seja tomada. Pode ser mais eficiente lidar com alguns itens no contexto de outros sobre o mesmo assunto. O que dizer sobre um documento que o deixa irritado? Embora uma resposta rápida possa ser o melhor para sua pressão sangüínea, se conseguir esperar até acalmar-se você deve produzir uma resposta mais eficiente, do tipo menos capaz de produzir um confronto. Alguns itens podem precisar de manipulação constante no processo de elaboração de um documento complexo. Se for possível tocar uma vez apenas cada documento, esse deve ser claramente seu objetivo, mas não se preocupe demais com a técnica de "bate-pronto". Certifique-se de que nenhum documento volte para a pilha e que cada item receba uma ação positiva no primeiro toque. Essa ação deve seguir um dos cinco Ds, resumidos na Ilustração 4.1.

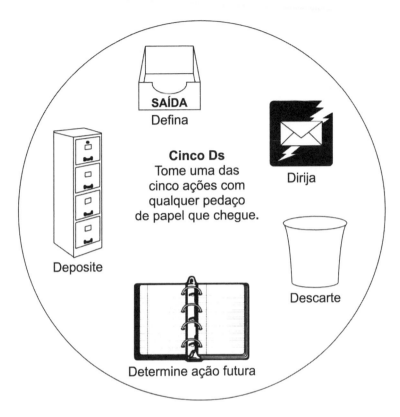

Ilustração 4.1 *Os cinco Ds*

Descarte

A forma mais rápida de irritar-se com uma informação é perder tempo e energia lendo material que traz pouco ou nenhum benefício para você. Assim, a primeira questão a formular para você mesmo é: "Será que quero isso?". Deve ser rapidamente aparente se um item tem uso para você, mas relutamos em considerar a cesta de lixo até examinar em profundidade um documento. Existe uma tendência de colocar de lado documentos sobre os quais paira uma incerteza. Eles formam uma pilha com outros itens, reunindo poeira ou atulhando a caixa de entrada

– geralmente sendo reexaminado em tentativas pouco convincentes de limpar o ambiente. Lembre que a maior parte da informação possui uma vida de estocagem limitada. Uma regra prática seria: se não parece valioso hoje, não é provável que isso aconteça amanhã.

Defina

Desde que você seja capaz de fazer isso com rapidez e eficiência, deve definir o que fazer com os itens assim que chegam até você. Uma ação imediata a respeito de um documento é satisfatória e pouco estressante. Também significa que você não terá de passar tempo algum refrescando sua memória antes de poder agir no futuro. Nos casos em que não é possível lidar com um item imediatamente, pelo menos defina que ação irá tomar, e quando.

Determine ação futura

Quando lidar com papéis, nunca devolva um item à pilha. Certifique-se de que tem um sistema para avançar os itens sobre os quais precisa agir, e faça um ponto de honra de anotar essa ação, ou as opções possíveis sobre o documento, num lembrete preso a ele. Um arquivo tipo "fole" com as datas anexas faz um belo arquivo de "destaque". Coloque o item no compartimento correspondente à data para revê-lo. Use arquivos de projetos para os itens que precisam ser trabalhados com outros como parte de uma tarefa maior.

Você pode adotar a mesma técnica para *e-mails*. Use a "bandeira de acompanhamento" do Outlook, que permite que você selecione um tipo de ação e uma data, na qual receberá um lembrete. Talvez queira acrescentar um comentário para ajudar a lidar com ele quando chegar o momento. Não o devolva simplesmente à caixa de entrada depois de ter feito isso. Coloque-o na pasta apropriada ou, se seu *e-mail* não possui uma pasta apropriada, estabeleça uma pasta para ações pendentes e retorne a ela regularmente.

Você precisará exercer certa disciplina a respeito de itens separados para ação futura:
- Não o use para evitar qualquer dos outros 4 Ds.
- Não remova itens do dia para o qual os programou.
- Se você tem uma pasta "para ler", não a torne um depósito de "lixo".

Dirija

Não mande itens aos outros apenas para se livrar deles em sua própria mesa, ou para fora de sua caixa de entrada, ou porque não sabe o que fazer com eles. Você só irá adicionar informação à carga dos outros, atulhar o sistema interno de comunicação e possivelmente encher as latas de lixo de outros mais rapidamente do que a sua própria. Pense por que está redirecionando o item e o que deseja que a outra pessoa faça com ele. Uma nota breve irá ajudar seus colegas a assimilar o assunto e agir com maior rapidez.

Deposite

Depositar um item de qualquer tipo num sistema de arquivo não é uma ação a tomar simplesmente porque não se sabe mais o que fazer com ele. Seja comedido com o que arquiva. Vamos examinar as regras para arquivar no capítulo 7.

Evite a sobrecarga

Por mais eficiente que você se torne ao manipular o material, não vai conseguir realizar tudo o que é possível, a menos que também aja para reduzir o volume de informação que chega diariamente pedindo sua atenção. Mesmo que você apenas dê uma olhada na maior parte, pode desperdiçar um tempo e esforço consideráveis.

O passo mais importante que você pode dar é examinar seu próprio comportamento. Sua máxima deve ser "Faça aos outros o que gostaria que eles fizessem a você". Se seu objetivo é proteger a si mesmo enviando material aos colegas, é provável que respondam da mesma forma.

Aqui estão algumas idéias:

- Não convide material desnecessário distribuindo seus dados pessoais sem necessidade. E não perca tempo com o "lixo" que recebe. Você pode jogar fora a maior parte sem ao menos abrir.
- Remova seu nome das listas se elas não trouxerem nada de valor para você.
- Considere as comunicações internas. Circulares no interior das organizações geralmente são maiores do que o necessário. Peça para ser deixado fora das circulares, se puder fazer isso sem criar dificuldades políticas para si mesmo, pelo menos quando os documentos não se referem a você.
- Examine suas assinaturas e periódicos. Aquelas que não trouxeram nada de útil nos últimos seis meses devem ser sérias candidatas ao cancelamento.

> **Cópias demais**
>
> Copiar demais é uma forma de seguro no ambiente de trabalho. Quando você não tiver certeza sobre o que fazer com um documento, ou sobre quem pode necessitar da informação desse *e-mail*, a forma mais fácil é começar a copiar – enviar aquilo para todos que possivelmente tenham uso para a informação interior. Você consegue duas coisas: retira de suas mãos o incômodo item e se absolve de qualquer responsabilidade por falta de comunicação. Entretanto, você acrescenta à carga dos outros e não necessariamente comunicou alguma coisa. Se deseja proteger a si mesmo enviando cópias demais aos colegas, lembre que eles podem agir da mesma forma.

Se você está trabalhando numa organização que utiliza muito papel, pode ser capaz de influenciar os outros a se juntarem numa campanha para reduzir a quantidade de papel em circulação. Por exemplo, você pode elevar a consciência ao colocar uma grande caixa de papelão em posição destacada na área comum do escritório. Ao longo de uma semana, os colegas são encorajados a usá-la para depositar qualquer papel desnecessário que recebam. À medida que a consciência aumenta, a análise informal do conteúdo pode levar a um consenso sobre formas de reduzir a documentação desnecessária. Uma abordagem alternativa é publicar os totais de fotocópias no interior de um departamento em base mensal e estabelecer objetivos para redução.

Para reduzir a quantidade de leitura que vem à sua mesa, considere ouvir a abordagem de um colega sobre documentos importantes que precisem ser assimilados por várias pessoas no interior da organização. Vários colegas podem concordar em aceitar turnos para serem, um de cada vez, leitores principais de relatórios densos ou novas regras gerais. Cada um por sua vez faz o trabalho "braçal", lendo e compreendendo um desses documentos, fornecendo, após, um resumo para os outros.

Leia com mais eficiência

A velocidade e eficiência com a qual você pode assimilar a informação que entra é um fator significativo em sua habilidade para organizar a carga de trabalho. Foi estimado que as pessoas em trabalhos de informação intensiva podem gastar um terço de seu dia útil em atividades que envolvem leitura, e ainda assim a maioria de nós não é formada por leitores eficientes. A velocidade média de leitura fica entre 200 e 250 palavras por minuto. Com algumas técnicas e práticas simples, isso pode ser elevado para mais de 500 palavras, sem prejuízo de nosso entendimento. Velocidades lentas de leitura não são especificamente funções de educação ou inteligência. Muitas pessoas capazes e bem educadas lêem na média de velocidade, ou abaixo dela. Mesmo se você lê com rapidez, geralmente existe espaço para melhora. A idéia de que apenas lendo devagar podemos esperar entender o material é um mito. Uma melhor compreensão pode andar de mãos dadas com a leitura mais rápida.

> **Qual é minha velocidade atual de leitura?**
>
> Se você quer estimular sua velocidade de leitura, simplesmente escolha uma passagem apropriada, que ainda não tenha lido, da extensão de pelo menos uma página. Tente ler numa velocidade normal, consistente com a compreensão do conteúdo, mas tome nota do tempo que leva para fazer isso. Em seguida, estime o comprimento da passagem ao multiplicar o número médio de palavras em cada linha pelo número de linhas que contém. Use os seguintes cálculos para estimar sua velocidade de leitura em palavras por minuto.
>
> $$\frac{N^o \text{ de palavras na passagem} \times 60}{\text{Tempo em segundos}} = \text{velocidade de leitura em palavras por minuto}$$

Por que lemos devagar?

Quando lemos, nossos olhos não se movem continuamente ao longo da página; eles escaneiam várias palavras por vez, através do material. É durante esse período estacionário (fixação) ao final de cada salto que a leitura ocorre, e naturalmente é o cérebro que realiza a leitura, não os olhos. Em termos simples, podemos pensar nos olhos como uma câmera tirando uma série de fotografias que o cérebro interpreta. Os motivos principais para a velocidade lenta são:

- um número limitado de palavras visualizadas a cada fixação;
- fixações de duração mais longa do que o necessário;
- retorno deliberado ou involuntário para o material já lido.

Um quarto fator para a leitura lenta seria uma tendência de ouvir mentalmente as palavras que lemos. Isso é conhecido como subvocalização e acredita-se que se origine da abordagem usada quando aprendemos a ler – dizendo as palavras em voz alta. O problema com a subvocalização é que nos restringe a fazer pouco mais do que a velocidade da palavra falada, que fica tipicamente em torno de 150 palavras por minuto. A subvocalização pode ser grandemente diminuída ou até mesmo eliminada.

Treinar a si mesmo para ler mais rápido é uma questão de técnica e prática. Existem numerosos livros e cursos disponíveis sobre o assunto, e no espaço disponível aqui é apenas possível introduzir algumas técnicas. Com um pouco de determinação, entretanto, elas devem trazer uma melhora significativa.

Usando uma guia

A maior parte dos programas para acelerar a leitura advoga o treinamento com alguma forma de guia, que dirige o progresso de seus olhos e elimina pausas longas ou o retorno dos olhos. Você pode usar o dedo indicador ou a ponta rombuda de um lápis, movendo-o abaixo da linha que está lendo. Ao final dessa linha, mova o guia imediatamente até o começo da linha seguinte, e assim por diante. Mantenha a velocidade acima da que seria confortável, e recuse-se a permitir que seus olhos voltem para o que você já leu. No início você pode achar que está entendendo pouco ou nada do que seus olhos registram, mas com prática você descobrirá níveis de compreensão, assim como de velocidade. Foi demonstrado que os leitores mais rápidos, na verdade, compreendem mais porque são capazes de sintonizar melhor com o sentido do que estão lendo, ao passo que os leitores mais vagarosos se prendem aos detalhes.

É natural sentir certa ansiedade em relação ao processo de percorrer blocos de material cada vez maiores, porém em muitos aspectos, durante nossas vidas diárias, absorvemos blocos significativos de informação com um olhar. Registramos sinais de rodovias, letreiros e cartazes sem parar para "ler" e podemos significativamente aumentar o número de palavras que absorvemos a cada fixação. Acredita-se que os leitores rápidos leiam o meio da página e que, apesar disso, seu ângulo abranja toda a linha de texto. Isso, entretanto, é bastante difícil de atingir, a não ser com texto em colunas. Leitores rápidos podem absorver cinco ou seis palavras por fixação, e seus olhos permanecerão no terço central da página em vez de seguir a linha até o final.

À medida que sua velocidade de leitura melhora, você deve ser capaz de progredir em ziguezague suave pela página, abrangendo mais do que uma linha a cada passada, e sem a necessidade de erguer o guia da página (Ilustração 4.2). Evite atingir o ponto em que você está forçando a si mesmo e está mais consciente do processo de ler com rapidez do que de registrar o que foi lido. Uma vez que atinja uma velocidade razoável, pode tomar a decisão de abandonar o guia.

Ilustração 4.2 *À medida que a velocidade aumenta, adote um movimento suave em ziguezague com o guia*

Outras técnicas

Aumentar sua velocidade irá, naturalmente, levar mais tempo, e você pode desejar passar para a prática estruturada de um curso de aumento de velocidade de leitura. Escolha ou não fazer isso, aqui estão algumas técnicas que você pode empregar imediatamente para melhorar tanto a velocidade quanto o entendimento.

Leitura prévia para melhor compreensão

Lemos com maior rapidez e eficiência quando estamos colocando as informações num cenário conhecido. Alguns momentos passados estabelecendo esse cenário podem render consideráveis dividendos. A abordagem que se segue presume que você está se preparando para ler um documento substancial como um livro, um periódico ou relatório. Pode ser adaptado para documentos menores.

1. Antes de iniciar o texto principal, reveja a página de Conteúdo, Introdução e Sumário (se existir), ou Conclusões.
2. A seguir, folheie o documento, estabelecendo uma apreciação da estrutura principal e do assunto. Procure particularmente por resumos e sumários de seções ou capítulos. São excelentes para se entender rapidamente o cerne de um documento. Não conseguindo, leia o primeiro e último parágrafo de cada seção ou capítulo. Eles irão, muitas vezes, apresentar ou resumir os argumentos contidos no interior.
3. Agora, quando você se move para ler os documentos da forma tradicional, você estará preenchendo os espaços em vez de começar mentalmente com uma folha em branco. Saberá em quais partes precisa se concentrar e em quais pode passar com rapidez ou até mesmo pular.

Varie seu ritmo

Nem é preciso dizer que os textos variam em seu nível de dificuldade, porém muitas pessoas mantêm o mesmo ritmo, sem se importar com o que estão lendo. Mesmo no interior de um documento haverá seções mais difíceis de absorver do que outras. Não fique receoso de diminuir onde o texto exige, e de aumentar a velocidade em trechos fáceis.

Concentre-se no que é importante

No mesmo ponto, na maior parte dos documentos haverá distanciamento do assunto principal, coisas que você já sabe, coisas que não precisa saber e também progresso direto. A melhor forma de se aproximar qualquer tarefa de leitura é com a questão "O que preciso daqui?" na cabeça. Você lerá com maior rapidez e lembrará mais se puder concentrar-se nos elementos necessários para você em qualquer tarefa que precise executar. Não se aproxime da palavra impressa com muita reverência. O escritor necessariamente não sabe mais do que você sobre o assunto.

Desenvolva técnicas de escanear

Quando você precisa de um trecho de informação em particular, pode ir direto até ele pela técnica de escanear. Concentre sua atenção apenas na informação que deseja localizar e deixe os olhos seguirem seu dedo enquanto o passa rapidamente até o centro de cada página do alto até o final. Esse processo deve ser consideravelmente mais rápido do que sua leitura controlada, e se você estiver focalizado na informação que deseja localizar ela "salta" até você quando chegar à parte relevante do documento. Você pode melhorar com a prática. Naturalmente, escanear não é substituto para se procurar no índice, quando este existir.

Seja seletivo com o que lê

Nunca tente ler tudo o que aterrissa em sua mesa ou em sua caixa de entrada. A loucura começa nesse caminho. Você precisa ser brutalmente seletivo e ater-se às coisas que adicionam valor a seu desempenho. E lembre-se: as pessoas que colocam de lado a leitura para um tempo indeterminado, no futuro, quando tiverem mais folga em seus horários, estão destinadas a ficar desapontadas para sempre.

Atualizando a leitura

Atualizar a leitura não é uma tarefa que se imponha em sua agenda; portanto, a pilha só faz crescer. Use as sugestões do capítulo anterior para descobrir um momento de energia baixa em sua semana, ocasião em que você pode montar uma sessão de atualização com a leitura. Desde que você não demore muito e não crie expectativas pouco realistas sobre o que pode ser conseguido em cada sessão, essa atualização funciona como uma variação útil para outras atividades, e não irá alterar completamente seu ritmo ou a produtividade geral. É importante para sua motivação que, quando você se volte para a leitura, não encontre uma pilha de volumes cobertos pela poeira; portanto, faça uma limpeza implacável antes de colocar o novo sistema em ação. Dispense o material menos relevante e o que tem mais de seis meses, de forma que possa iniciar com uma tarefa possível de se realizar. Mantenha um arquivo de leitura facilmente transportável à mão para as ocasiões em que estiver viajando em transportes públicos ou esperando o início de uma reunião que esteja atrasada.

Use sua memória

O valor do que você pode ler declina rapidamente se você não conseguir lembrar. O medo de esquecer resulta em vários hábitos negativos. Procuramos os documentos de menor significado, lemos devagar e voltamos sempre pelo texto impresso. Para uma informação eficiente, precisamos confiar em nossa memória. Quanto mais a usarmos, mais confiável ela será. Se você não fizer nada para apoiar sua memória, irá esquecer cerca de 80% do que lê 24 horas depois de ter lido. Aqui estão algumas técnicas simples que podem ajudá-lo a lembrar:

- O nível de lembrança que você requer irá variar. Para algumas informações, será suficiente lembrar que ela existe, e onde encontrá-la. Com outras informações você irá precisar de uma lembrança geral do assunto e das idéias principais. Ao nível mais elevado, você pode ter de lembrar os detalhes das informações ou mesmo citá-las ao pé da letra. Ajude sua memória lendo seletivamente e tendo consciência do nível de memória necessário.
- Leia com questões na cabeça. O que quero saber com isso? Como isso se encaixa no que já sei? Todo o aprendizado e a lembrança é um processo de associação.
- Tente enxergar o padrão geral do que está lendo. Lembramos melhor se enxergarmos a estrutura geral e as idéias amplas em que colocar os detalhes.
- Use a informação de algum jeito. Resuma com suas próprias palavras, tome nota nas margens enquanto lê, comunique as informações aos outros ou aja com base nela.
- O reconhecimento, o processo de lembrar, fica muito mais fácil com assistência de estímulos externos do que se usarmos apenas a memória. Faça associações conscientes que irão ajudar você a retirar os detalhes da memória. Foi demonstrado que, quanto mais bizarra a associação, melhor irá funcionar. Recursos mnemônicos tolos, associações visuais ridículas, tudo isso funciona.

▶ Reveja as informações importantes para fixá-las em sua memória de longo prazo. Você obterá maior vantagem ao rever rapidamente o material logo depois de examiná-lo (10 a 15 minutos) e mais uma vez um dia depois. Os especialistas recomendam outra revisão depois de uma semana e de um mês para adquirir uma sólida memória de longo prazo.

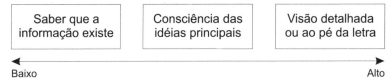

Ilustração 4.3 *Nível de lembrança*

Sumário

Lidar eficientemente com a informação é uma questão de:
▶ separar as informações importantes das inúteis;
▶ manter uma abordagem sistemática para toda informação que chega;
▶ manipular toda a informação que chega de forma tão esparsa quanto possível;
▶ tomar providências para reduzir a correspondência desnecessária;
▶ melhorar sua velocidade de leitura e compreensão;
▶ usar técnicas de memória e revisão para auxiliar a lembrança.

5

Organize a forma como você trabalha com os outros

Boa parte de nosso dia de trabalho é passado em alguma forma de interação com outros. A forma como você realiza essa interação pode ter um impacto considerável em sua eficiência. Neste capítulo iremos examinar reuniões, delegações de poder, distrações e interrupções, formas de ajudar os outros a serem mais organizados e de aprender a dizer não.

Uma estratégia para reuniões

O potencial para perder tempo em reuniões é imenso. Em muitas organizações você pode passar horas, a cada semana, em reuniões que conseguem realizar muito pouco. Mas, apesar de sempre nos queixarmos delas, continuamos no mesmo estado de coisas e comparecemos. Por quê?

As pessoas vão às reuniões por outros motivos que não as tomadas de decisão. As reuniões cultivam um certo ar de importância hierárquica – uma certa intimidade com as rodas do poder. São uma oportunidade de impressionar os colegas. Não ser convidado pode equivaler a uma marca de exclusão. Conheci pessoas que, tendo ficado de fora das reuniões, se tornaram irritadas pelo que perceberam como uma tentativa deliberada de degradação. Existe também um certo elemento social nas reuniões, que podem ser menos exigentes do que outras formas de atividade durante o trabalho. Uma vez que você esteja participando da reunião, está protegido, a salvo de telefonemas, interrupções e problemas difíceis chegando a sua caixa de entrada. Certo, reuniões são monótonas, mas você pode fazer alguns jogos mentais com os colegas ou deixar sua atenção divagar.

Por que fazemos reuniões? Reuniões são feitas para:
- partilhar a informação;
- eliminar visões;
- estimular novas idéias;
- motivar uma equipe;
- tomar decisões.

Existem formas mais eficientes de passar informações do que arrastar as pessoas até uma sala e sujeitá-las a um desses memorandos verbais em que apenas o mais graduado fala e todos os outros ficam calados. Existem também formas de consultoria e divisão de informações que não são reuniões. A reunião de criação ou *brainstorm* há muito tem sido vista como uma forma de explorar novas soluções para os problemas, mas os estudos mostraram que freqüentemente as pessoas são criativas quando trabalham individualmente. De forma similar, o reforço e o treinamento de um por um pode conseguir mais do que um encontro motivador, e a cultura de não-desafio (pensamento de grupo) desenvolvida por algumas reuniões pode não favorecer boas decisões.

Assim, em face de tudo isso, qualquer que seja a perspectiva de uma reunião, a primeira pergunta a se fazer a si mesmo é: *Precisamos dessa reunião?* Infelizmente, essa pergunta não é feita com freqüência desejável. Em muitas organizações, as reuniões acontecem em intervalos regulares, independentemente de serem ou não necessárias. Os negócios se expandem para preencher a agenda e você tem todos os ingredientes de um mercado de peixes.

Quando a resposta a "precisamos de uma reunião" é "sim", o que você pode fazer para se assegurar de que uma reunião consegue seu propósito sem consumir muito o tempo de seus participantes? Reuniões não produtivas geralmente não foram adequadamente planejadas e administradas.

Planejamento inadequado

Pode não haver agenda, pode haver uma mal preparada ou não existir um propósito claro para a reunião. A informação necessária para tomar decisões sensíveis pode não ter sido produzida, ou os participantes podem não ter lido o material antes.

Mau gerenciamento

Pode haver controle inadequado de tempo, um fracasso em manter a discussão dentro da agenda, inabilidade para controlar a tendência dos participantes de defender seus próprios pequenos projetos ou inabilidade em tirar conclusões do que foi discutido.

Aqui estão alguns dos pontos que ajudam a superar esses e outros problemas típicos de reuniões.

Dez pontos a lembrar quando convocar uma reunião

1. Defina a agenda tão claramente quanto possível. Identifique as questões específicas que a reunião precisa resolver em vez de deixar os tópicos em aberto.
2. Indique um tempo determinado para cada item da agenda e mantenha-se tão próximo a ele quanto possível.
3. Limite a presença àqueles que podem contribuir com alguma coisa no assunto em discussão e que possuam autoridade para implementar decisões. Falando de forma geral, quanto mais gente houver numa reunião, mais tempo ela levará.

4. Marque reuniões logo antes do almoço ou ao final do dia. A ansiedade das pessoas em sair vai limitar a vontade de falar.
5. Tente não marcar reuniões em sua própria área de trabalho. Você vai achar difícil livrar-se daqueles que permanecem depois do final.
6. Comece a reunião no horário marcado. Esperar pelos atrasados os encoraja a repetir o feito e irrita os que chegaram no horário.
7. Não permita que as reuniões sejam direcionadas à discussão de assuntos que não estão na agenda. Se são importantes, podem ser agendados para uma reunião futura.
8. Não perca tempo discutindo assuntos para os quais não há informações suficientes para tomar uma decisão. Distribua a responsabilidade para obter e relatar as informações necessárias e adie a discussão para uma data posterior.
9. Evite a prática de Qualquer Outro Negócio ao final da reunião, se for possível. É muito usada pelas pessoas preguiçosas demais para preparar um item para a agenda e pode resultar em más decisões, tomadas com base em considerações inadequadas. Pode também arruinar todos seus esforços em controlar o tempo das reuniões.
10. Certifique-se, logo depois das reuniões, de que um registro do resultado seja preparado. Quanto mais rápido for feito, mais fácil a tarefa. Minutas detalhadas geralmente são desnecessárias, e apenas dão às pessoas alguma coisa para discutir no início da próxima reunião. Notas sobre a ação são mais úteis. Devem incluir: a) o que foi decidido; b) quem tem a responsabilidade de agir sobre o que foi decidido; c) datas nas quais isso deve ser feito.

Dez pontos a lembrar quando comparecer a uma reunião

1. Certifique-se de que você sabe o que a reunião deve resolver. Se o objetivo não parecer claro, questione quem vai dirigir a reunião. Isso deve ter o efeito de esclarecer objetivos, levando a uma reunião mais produtiva, ou demonstrar que uma reunião não é, na verdade, necessária.
2. Peça para ser desculpado de comparecer a qualquer reunião que não pareça ter relevância para você. Você precisa ser sensível à parte política nesse assunto. Se for seu chefe a convocar a reunião, a diplomacia pode requerer que vá. Muitas vezes, entretanto, quem a convocou simplesmente não pensou o suficiente sobre o assunto. Perguntas como "Com o que espera que eu possa contribuir?" pode levar à reconsideração.
3. Se apenas um item na reunião for relevante para você, pergunte se é possível colocá-lo no início da agenda, de forma que você possa ser dispensado do restante. Fique consciente, porém, de que essa tática pode gerar animosidade por parte dos outros participantes.
4. Sempre leia a agenda e todos os relatórios antes das reuniões sem tomar nenhuma posição inflexível e esclareça seus pensamentos sobre o que você gostaria de conseguir na reunião.
5. Se você espera que seus argumentos encontrem alguma oposição, um pouco de *lobby* sutil antes do evento pode ser útil. Outros participantes podem não ter dado atenção prévia aos assuntos, e as pessoas são mais inclinadas a concordar com uma visão que lhes foi levada à sala do que a algo de que só tomaram conhecimento durante a realização da reunião. Lide cuidadosamente com esse *lobby*. Se o outro enxergar em sua aborda-

gem uma tentativa de exercer influência indevida, você arrisca a fazer que ele se volte contra seu ponto de vista.
6. Pense antes da hora sobre o que você está disposto a aceitar, se não obtiver o que deseja. A maior parte das pessoas não costuma pensar sobre uma posição de acomodação. Uma apresentação habilidosa – antes de se tornar patente que você perdeu a discussão – pode ser uma forma de conseguir pelo menos parte do que você deseja.
7. Não se comprometa demasiadamente. Reuniões são um pouco como leilões. Ao ir e vir das discussões é fácil que nos empolguemos e façamos afirmativas das quais podemos nos arrepender mais tarde. Há um desejo natural para causar uma boa impressão nos colegas, mas não se deixe levar pela tentação de aceitar responsabilidades demais ou datas irreais para completar o trabalho.
8. Se descobrir a si mesmo trancado em reuniões excessivamente longas, consiga um "compromisso importante" ou uma interrupção vital que exijam sua saída antes do final. Não use esse recurso com muita freqüência, ou pode despertar suspeitas.
9. Você pode ajudar um coordenador fraco ao resumir os argumentos dos outros e definir uma discussão para facilitar as decisões. Sempre chame a atenção das pessoas para o tempo decorrido, mas tome cuidado em assegurar que você não faz parte do motivo. Tendemos a superestimar o tempo que as outras pessoas usam e a subestimar nossa própria loquacidade.
10. Tente estabelecer medidas de tempo em que você está disponível para reuniões, e faça que saibam. Se você conseguir realizar esse trabalho, pode ajudar a evitar reu-

niões marcadas no meio de sua semana de trabalho, de forma que você pode ser impedido de realizar aquelas tarefas que exigem atividade concentrada por um longo número de horas.

Alternativas a reuniões

Conforme observamos no início desta seção, existem formas mais eficientes de realizar algumas das tarefas tradicionalmente reservadas para reuniões, e todas são auxiliadas por novas tecnologias. A disseminação de informações para grupos é rápida e fácil com os *e-mails*, e o programa Outlook inclui ferramentas, como botões de voto, para ajudar em consultas e coletas de opiniões. A videoconferência está agora ao alcance mesmo dos menores negócios – dados os custos cada vez menores do aparelho envolvido e das bandas largas de internet. Nos casos em que os indivíduos viajariam alguma distância para comparecer a uma reunião, a economia de tempo e despesas de viagem rapidamente compensam qualquer custo adicional. O Microsoft Net Meeting permite que você realize uma reunião completa, com participantes capazes de trocar opiniões através de vídeo e áudio, para ver os itens que podem ser importantes para o propósito da reunião e para ilustrar idéias sobre um quadro-branco. Os arquivos e aplicativos num dos computadores podem ser partilhados pelos outros participantes.

Delegar

Edward Newton acredita em trabalhar uma média de 58 horas semanais. A companhia na qual ele está empregado tem passado por grandes mudanças recentemente e ele tem estado intimamente associado a essas mudanças. Está consciente de que tenta fazer coisas demais ao mesmo tempo e de que algumas tarefas podem ser passadas para outros de

> sua equipe, mas sente que aqueles em quem pode confiar também estão sobrecarregados. Também é sua crença que, em curto prazo, o tempo que levaria para treinar e instruir outra pessoa seria maior do que o tempo gasto nas próprias tarefas. Seu problema é exacerbado porque, numa situação de mudança, ele não está certo de por quanto tempo permanecerá sua carga de trabalho atual, e por isso ele está relutante em passar suas responsabilidades apenas para tomá-las de volta pouco depois. No fundo de sua mente existe até mesmo uma preocupação de que ele possa precisar dessa carga para justificar sua existência numa reestruturação futura. De tempos em tempos ele fica tão sobrecarregado que simplesmente precisa passar tarefas aos colegas sem a menor explicação ou assistência.

Existem muitos Edwards em cada área de trabalho – pessoas cuja competência está sendo esticada até o limite pela competição, mudança e reestruturação. Estão sofrendo de uma situação paradoxal, em que sabem que devem delegar mas sentem que não possuem tempo para fazer isso de forma adequada. Porém, para alguém que deseja se organizar e permanecer no controle de seu trabalho, o hábito de delegar tem de fazer parte do pacote.

O primeiro ponto importante sobre delegar é que não deve ser uma reação automática à sobrecarga de trabalho. Não se trata apenas de delegar tarefas que você não quer fazer, mas de uma contribuição à produtividade geral, colocando a responsabilidade, os recursos e a autoridade necessários onde podem ser dispensados com mais eficiência. Você tem dificuldade com a delegação se não estiver preparado para investir algum tempo em estabelecer os arranjos, se não puder confiar nos colegas ou se não acreditar que outra pessoa é capaz de realizar o trabalho tão bem quanto você.

Numa determinada época, a delegação foi sempre vista em termos de tarefas sendo passadas para colegas menos graduados, porém nesses dias de organizações horizontais existe um aumento na tendência de pensar em delegar horizontalmente – o movimento do trabalho entre colegas ao mesmo nível, ou similar. Na verdade, é mais sobre troca de responsabilidades do que sobre delegá-las no sentido tradicional. Todos temos nossas diferentes habilidades e preferências no trabalho. Se um colega pode preencher uma área de responsabilidade com maior eficiência do que você, e você em troca pode levar suas habilidades para um aspecto do trabalho dele, então faz sentido cooperar. Entretanto, o fato de que o arranjo seja entre colegas do mesmo nível não deve ser um motivo para qualquer falta de cuidado durante o processo.

Cinco passos para delegar com eficiência

1. DECIDA O QUE DELEGAR

A escolha de responsabilidades a delegar irá normalmente centrar-se naquelas coisas que os outros fazem com maior rapidez, mais barato ou mais habilmente do que você, ou em tarefas que possam ser realizadas no interior do contexto já existente do trabalho de outra pessoa. Geralmente haverá elementos centrais em seu próprio trabalho que você não considerará delegar.

2. ESCOLHA A PESSOA CERTA

Cuidado com a tendência natural de passar as coisas para os que apresentam maior boa vontade, ou de delegar apenas tarefas àqueles que realizaram trabalho semelhante no passado. Os motivos para a delegação não são os de aliviar seu excesso de trabalho, mas proporcionar novas experiências de desenvolvimento aos outros.

3. PREPARE O CAMPO

Você precisa estar pronto a preparar os colegas para o que quer que você precisa que eles façam. O tempo geralmente é uma questão considerada, mas é o caso de sacrificar algo em curto prazo para obter um ganho em longo prazo. Se você não estabelecer esse arranjo de forma apropriada, vai ter colegas hostis, sentindo que foram usados, ou então pessoas que não sabem o que se espera delas. Você precisará estabelecer objetivos claros, usando a fórmula SMART que discutimos no Capítulo 1. Deixe seus colegas conhecerem os parâmetros da própria autoridade e que apoio você poderá fornecer.

4. Venda os benefícios

É importante examinar tudo isso do ponto de vista da outra pessoa. Pode haver treinamento e benefícios para quem está assumindo nova responsabilidade, melhora da perspectiva de carreira, variedade e desafio ou oportunidade de usar habilidades particulares. Esteja preparado para passar algum tempo conversando com a pessoa em questão, procurando respostas ao que você está propondo, e respondendo de forma construtiva. Se seu colega puder sentir que o processo de preparação é colaborativo, ficará mais propenso a aceitar.

5. Recue

Deixe que a outra pessoa faça. Um dos problemas mais comuns em delegar é a tendência de interferir ou rejeitar o trabalho porque não está sendo feito exatamente da forma como você teria feito. Você precisa se esforçar para evitar esse aspecto, particularmente se tem feito o trabalho por algum tempo. Você deve tornar claro que fica disponível para apoiar o outro, mas a responsabilidade do dia-a-dia passa a ser da pessoa para a qual delegou. Senão, permanecerá essencialmente sua responsabilidade, para a qual você simplesmente contratou parte do trabalho braçal. Quando ocorrerem problemas, irão terminar em seu prato, e seus colegas não irão conseguir os benefícios que a delegação pode oferecer. Naturalmente, a autoridade que você delega não é ilimitada, e a pessoa que aceitou deve conhecer seus limites, mas também precisa de liberdade para operar e algumas vezes para cometer erros e aprender com eles.

Superando distrações e interrupções

> Brian Adamson é um advogado especializado em trabalho de escrituras de compra e venda de imóveis. É muito importante que ele seja capaz de passar períodos concentrado e que dê atenção total ao trabalho com os documentos associados às transações com as quais lida. Para seus clientes, a venda ou compra de sua propriedade geralmente é uma fonte considerável de estresse, e ele é assolado por pessoas chegando sem hora marcada, ou que telefonam para falar com ele tomadas de urgência. Por experiência, sabe que se recusar a atender pode criar problemas posteriores, mas sente que cada interrupção pode abalar seriamente sua concentração.

As interrupções e distrações se impõem pesadamente na habilidade de organizar horários de trabalho. Não apenas há tempo perdido durante a interrupção, mas, o que é mais importante, no esforço de retornar à tarefa original e de refocar sua atenção. Algumas interrupções podem ocorrer por motivos genuínos de negócios, ao passo que outras são mais sociais, muitas vezes por pessoas que estão envolvidas em processos de procrastinação com tarefas das quais querem escapar. Você pode até ser a fonte da interrupção. É o caso para convencer a si mesmo de que você precisa de um telefonema, ou de um café, e que retornará à tarefa depois de alguns minutos. Uma vez que o padrão do trabalho tenha sido quebrado, você descobre outras tarefas urgentes, e os minutos se esticam até uma hora ou mais, e depois fica difícil retomar o fio da meada.

Você jamais será capaz de se livrar completamente das interrupções, mas pode fazer muita coisa para reduzi-las, torná-las tão curtas e eficientes quanto possível. Procure cortar todas, a não ser as mais importantes e urgentes — aquelas que tocam o aspecto-chave de seu trabalho ou da organização para a qual trabalha, das quais as conseqüências de não atender podem ser desastrosas para ambos.

Quinze formas de reduzir interrupções

1. Consiga uma pista para saber de onde estão vindo. Mantenha uma folha de papel à mão por um ou dois dias, e anote cada interrupção de seu trabalho, seja um telefonema, uma mensagem, cumprimento social, discussão ou pausa não programada. Você não precisa descrever a natureza da interrupção, simplesmente liste a fonte — por exemplo, patrão, colega, cliente, eu mesmo — e dê um grau de importância de 1 a 3 (1 = muito importante, 3 = sem importância). O que essa análise pode informar? Por qual proporção você é responsável? Quem são os outros autores das interrupções? Que proporção recai no não muito importante ou no totalmente sem importância — os que você procura reduzir?

2. Junte tarefas como mandar mensagens e fazer telefonemas, para evitar que cada uma seja uma interrupção separada de seu fluxo de trabalho. Você as irá manipular com maior eficiência e economizar quantidades significativas de tempo que podem atualmente estar sendo gastas para que você retorne ao foco após cada interrupção autogerada.

3. Desligue a campainha de seu telefone quando não quiser ser interrompido e use a secretária eletrônica para recolher suas mensagens. Ajuda nessas circunstâncias ter outro número, talvez o número de um colega, para quem as pessoas possam ligar no evento de uma mensagem urgente.

4. Faça uso da natureza não dependente de tempo do *e-mail* e da secretária eletrônica. A menos que haja uma boa razão pela qual as mensagens devam ser respondidas imediatamente, desligue a notificação imediata das mensagens de *e-mail* e determine intervalos apropriados nos quais irá verificar suas caixas de entradas. Duas ou três vezes por dia deve ser o máximo para a maioria de nós. Mensagens instantâneas são invasores perniciosos de sua concentração. Desative essa opção em seu computador, a menos que tenha motivos importantes para deixá-la ativa. De forma similar, desmonte qualquer notificação instantânea de secretária eletrônica e lide com elas duas vezes por dia.
5. Realize as chamadas de retorno nos horários em que seja menos provável que as pessoas iniciem conversas longas – pouco antes do almoço, por exemplo, ou ao final do dia, quando todos querem ir logo para casa. Como forma alternativa, quando ficar de ligar para alguém – estabeleça horários: "Tenho cinco minutos entre dois compromissos às 4 horas. Posso ligar nessa hora?".
6. Dê explicações breves e resumidas quando passar tarefas para os outros.
7. Esclareça instruções e endereços, repetindo-os antes que originem pedidos de repetição.
8. Lide com os pedidos rapidamente para evitar que as pessoas o assediem.
9. Explore um arranjo comercial com seus colegas, em que você passa seu telefone a outros de forma que possam anotar mensagens para você quando precisar trabalhar sem interrupção, e faça o mesmo por eles em outros momentos.
10. Estabeleça horários regulares todos os dias, em que você vai lidar com aquelas tarefas que requerem concentra-

ção ininterrupta e não estará disponível para reuniões, telefonemas e outras interrupções. Permaneça fiel, e os outros acabarão aprendendo a procurá-lo em outra hora.
11. Se você trabalha em ambiente aberto e não possui outra forma de sinalizar quando não deseja ser interrompido, considere o caso de usar um pequeno sinal "Pode interromper\Não interrompa" sobre sua mesa.
12. Ajude a criar um clima produtivo, tratando os colegas como gostaria que eles o tratassem. Não espere que as pessoas deixem de interrompê-lo se você tem o hábito de interrompê-las.
13. Faça pausas em horários predeterminados. Junte-as numa rotina construtiva de trabalho, de forma que comecem a trabalhar contra as várias interrupções autoimpostas.
14. Considere trabalhar em casa quando você tem uma tarefa que precisa de concentração. Desde que você tenha um lar no qual não haja distrações, você pode conseguir mais em poucas horas de paz do que conseguiria num ambiente de trabalho, com muitas pessoas ocupadas.
15. Se você possui o tipo de chefe que considera que cada assunto novo se constitui num motivo para largar tudo, esteja preparado para trabalhar com paciência e diplomacia para insinuar ao chefe os efeitos desse comportamento. Partilhe com ele, fora dos momentos em que ele o estiver interrompendo, as medidas que está tomando para administrar seu dia e demonstre a eficiência de sua estratégia pelos resultados.

Mantendo as interrupções breves e produtivas

Quando as interrupções são inevitáveis, procure torná-las tão curtas quanto possíveis. Aqui vão algumas idéias:

- Coloque um limite para a interrupção. Deixe a pessoa que o interrompe saber que você pode dispor, vamos dizer, de cinco minutos. Alguns especialistas sugerem manter um *timer* sobre a mesa e usá-lo para lembrar ao visitante de chegar rapidamente ao assunto.
- Arrisque ser considerado rude não convidando os interruptores a se sentarem.
- Posicione a mobília do escritório e a escrivaninha de forma a evitar que sua área de trabalho tenha uma aparência convidativa, tipo "por favor, entre e sente-se". Isso é particularmente importante se você trabalha em escritório aberto.
- Encoraje os colegas a chegarem com uma nota sobre o assunto que os traz até você. Isso o ajuda a se sintonizar com a questão e também os ajuda a focalizar as idéias e impedir interrupções frívolas, por causa da preparação envolvida.
- Se você tem dificuldade em limitar a duração das interrupções e mandar os visitantes embora, pense sobre linguagem corporal e as "pistas" verbais no interior de uma conversa que permite que você encerre o encontro sem ofender desnecessariamente a outra pessoa.

Ajude os outros a serem mais organizados

A despeito de todas suas tentativas de organizar o próprio horário e forma de trabalhar, a desorganização dos outros ainda pode deixá-lo confuso; portanto, vale a pena dar um pouco de atenção às estratégias para melhor organização entre aqueles em seu redor.

Colegas desorganizados

Fazer preleções aos outros por sua falta de organização dificilmente levará a mais do que uma animosidade contra você, e como nenhum de nós é perfeito, sem falhas, provavelmente despertará críticas veladas em represália. Conseguir que as pessoas declarem suas dificuldades e identificar táticas que podem usar para combatê-las é muito mais produtivo. Isso geralmente é feito fazendo as perguntas certas de forma a encorajar a reflexão – uma reunião ou avaliação de duas pessoas apenas. Ajude seus colegas a se focalizarem apenas em uma coisa de cada vez, e dê reforço imediato na forma de elogio e encorajamento quando perceber que estão trabalhando para mudar. O reforço é um motivador poderoso para mudanças, portanto não espere até que o comportamento seja óbvio e salte aos olhos. Procure ativamente por aspectos para elogiar. A pressão dos colegas pode ser uma influência muito forte no comportamento individual. Pode valer a pena considerar se existe empenho na iniciativa da equipe voltada para trabalhar na direção de melhorar a eficiência.

Chefe desorganizado

Um chefe desorganizado pode ser um pesadelo para se trabalhar, mas não trate a fraqueza apenas como um assunto a ser comentado em voz baixa com os colegas durante as pausas para o café. Desde que você saiba o certo, pode fazer uma diferença, mas precisará estar contente em trabalhar os aspectos do comportamento de seu chefe que você pode influenciar e conviver com os que não pode. Certifique-se de que seu próprio trabalho e organização não possam ser criticados, e evite acusações frontais a menos que possua outro emprego no qual se refugiar. Aqui estão cinco aspectos freqüentemente demonstrados por chefes desorganizados e sugestões sobre o que fazer por eles.

INCAPACIDADE DE TOMAR DECISÕES
Lembre-se de que chefes raramente são donos de seu próprio destino. Em vez de reclamar sobre o que, à primeira vista,

pode parecer indecisão e negatividade, faça uma tentativa para compreender a política na qual estão operando, e dê a ele munição para lutar as batalhas acima. Reconheça também que seu chefe pode ter dificuldade numa questão que foi o foco de sua atenção por dias e semanas. Fique preparado para conversar sobre os processos mentais que o levaram às conclusões que ele atingiu.

Uma tendência a decisões rápidas

Essa espécie fica do lado oposto do chefe indeciso, e lida com qualquer questão utilizando certezas momentâneas. Qualquer coisa que leve tempo para considerar ou pensar em alternativas é para os fracos de espírito. Nunca se aproxime de tal chefe com uma pergunta em aberto, a menos que deseje encontrar-se a braços com uma solução impraticável ou com um prazo impossível de cumprir. Lide primeiro com as opções e as apresente com um guia fácil, contendo todos os argumentos. O chefe normalmente quer ser creditado pela decisão, portanto deixe pelo menos um ponto com uma escolha a ser feita entre duas alternativas, e que nenhuma delas seja desastrosa.

Incapacidade de terminar reuniões

Se seu chefe é o tipo de pessoa que acha difícil concluir uma reunião, certifique-se de ter outro compromisso urgente que lhe permita escapar dentro de um tempo razoável.

Não consegue estabelecer objetivos ou focalizar-se em questões importantes

Esclareça seus objetivos escrevendo sobre o que pensa que são, e consiga que seu chefe os confirme. Em reuniões a sós com seu chefe, providencie um sumário por escrito dos assuntos a serem discutidos e um leque de soluções possíveis.

INCAPACIDADE DE LEMBRAR-SE DO QUE PEDIU
PARA VOCÊ FAZER
Desenvolva a prática de tomar notas sempre que se encontrar com ele para discutir uma tarefa, e mande a ele uma nota detalhando o que concordaram em fazer, assim que terminarem.

Aprenda a dizer "não"

Uma boa parte de organizar a si mesmo é sobre permanecer em controle de sua carga de trabalho. Se você sempre disser "sim" a pedidos que vêm em sua direção, então perde esse controle. Você sobrecarrega a si mesmo com o estresse resultante, e ao concordar com pedidos pouco importantes pode se encontrar em situação incapaz de preencher objetivos-chave. Existe um número de motivos pelos quais dizer "não" pode ser difícil:
- Você não quer demonstrar má vontade e estragar suas perspectivas.
- Você está preocupado em não desagradar os outros ou magoar seus sentimentos.
- Você subestima o aumento de pressão que recairá sobre você se disser "sim".
- Você simplesmente não considera dizer "não" como uma opção.

Naturalmente, você não quer uma reputação negativa – um "não" precipitado é pior do que um "sim" precipitado. Se você está no processo de estabelecer a si mesmo num emprego novo ou num novo grupo de interesses, pode precisar dizer "sim" com maior freqüência do que seria bom para você. Mas é importante ser capaz de traçar a linha com habilidade e firmeza e reconhecer que é impossível agradar a todos o tempo inteiro. Resolva que pedidos você precisa recusar, perguntando para si mesmo:
- Como isso se encaixa com meus objetivos principais?

- Como minhas perspectivas serão afetadas se eu não fizer isso?
- O que mais preciso fazer ou adiar para realizar isso?
- Qual será o efeito disso nos outros objetivos?
- Fazer isso vai resultar em alguma diminuição de estilo de vida – estresse significativamente maior, intromissão sem motivo em meu tempo de lazer?
- Irei perder uma oportunidade para desenvolver uma nova habilidade se não fizer?

Experimente uma abordagem com uma folha de papel – prós de um lado, contras do outro – nos casos em que a escolha for difícil.

Como fazer

Existem três formas de dizer "não".

MÉTODO AGRESSIVO

Queixe-se em voz alta sobre estar sobrecarregado e que todos abusam de você. Acuse a pessoa que está fazendo o pedido de ser pouco razoável, comece a resmungar ou a chorar.

MÉTODO TÍMIDO

Responda ao pedido murmurando como forma de tentar adiar a decisão. Mantenha a pessoa que faz o pedido "no ar", sem deixar claro se a resposta é positiva ou negativa. Desperdice energia reclamando sobre o pedido e termine ressentido.

MÉTODO ASSERTIVO

Indique prazer por ter recebido o pedido, mas explique sucinta e educadamente porque não pode responder de forma positiva. Sugira alternativas possíveis para realizar a tarefa e especifique que tipo de apoio pode oferecer a quem quer que resolva aceitar a tarefa.

Desnecessário dizer que o terceiro método é aquele que você deve procurar utilizar. A pessoa fazendo o pedido não fica equivocada com sua resposta ou com os motivos expostos e não sai do encontro irritada ou surpresa; além disso, você não danifica sua reputação de solicitude e pensamento positivo.

Tome cuidado em particular com os pedidos em que o compromisso solicitado não é imediato, mas vem em algum ponto do futuro – um pedido para fazer uma apresentação ou uma conferência, por exemplo. Com um evento marcado a três meses de distância, fica fácil exagerar no otimismo da idéia de estar pronto a tempo. Porém, à medida que o dia se aproxima e seu horário continua atulhado, a tarefa extra assume o status de uma adição não desejada a seu horário repleto, e você acaba fazendo alguma coisa às pressas, sem o cuidado necessário. A consciência das prioridades, transparência em sua agenda e controle sobre o planejamento são formas de assegurar que você não cairá nessa armadilha.

Sumário

Você pode conseguir maior eficiência nesses aspectos do trabalho que envolvem outros quando:
- ajuda-os a assegurarem-se de que as reuniões às quais comparece são tão produtivas quanto possível;
- delega da forma certa, pelos motivos corretos;
- procede ativamente para remover distrações e interrupções;
- reconhece que pode ajudar os outros a serem mais organizados;
- aprende a dizer não de forma proativa.

6

Organize seu espaço de trabalho

A forma como você organiza seu espaço de trabalho possui considerável efeito sobre sua produtividade – economiza tempo, evita a fadiga e permite que você complete a tarefa com maior rapidez. É muito fácil, porém, acostumar-se com um ambiente de trabalho abaixo do ideal; por isso, use alguns minutos para observar seu escritório com um novo olhar:

- Com que freqüência você levanta da cadeira para apanhar coisas que estão fora do alcance?
- Há espaço e ausência de bagunça em sua mesa para permitir que você trabalhe confortavelmente e sem distrações?
- O teclado e o monitor de seu computador estão posicionados de forma que você possa usá-los confortavelmente e sem fadiga desnecessária?
- Existe espaço adjacente em sua estação de trabalho para quaisquer papéis de que precise enquanto trabalha no computador?
- As prateleiras, gavetas e estantes estão atulhadas com itens de que você não precisa?
- Seu equipamento de estocagem é apropriado para os itens que precisa guardar?
- Você costuma gastar tempo regularmente procurando coisas?

> A mobília de seu escritório é bem posicionada para suas diferentes necessidades – trabalhar na mesa, usar o computador, encontrar-se com colegas ou clientes?

Não existe receita padrão para organizar seu espaço de trabalho – o que parece confortável para você pode não parecer para ninguém mais –, porém existem princípios gerais que você devia levar em conta para chegar ao arranjo que mais lhe agrade.

Pense na ergonomia

Ergonomia é o processo de projetar máquinas, métodos e ambiente de trabalho para levar em conta a segurança, conforto e produtividade dos usuários humanos. Pode parecer um termo pomposo quando aplicado a sua estação de trabalho, mas não há dúvida de que a escolha e o posicionamento da mobília, do equipamento, do material de referência e dos acessórios podem ter um grande impacto na forma como você trabalha.

Mobília

MESAS

Sua mesa precisa de espaço livre suficiente para que você seja capaz de trabalhar confortavelmente e sem distração. Vamos tratar do assunto "limpar a bagunça" mais adiante. Se você precisa dividir seu tempo entre trabalhar no computador e nos papéis, considere um estilo moderno de mesa em "L", que permite a você mover-se entre uma mesa tradicional e uma estação de trabalho no computador apenas girando a cadeira. Se puder escolher, use uma mesa com altura regulável. Considere a posição em que a mesa é colocada em relação ao espaço de seu escritório como um todo. Posicionar sua mesa de forma que seja uma barreira entre você e qualquer visitante cria uma distância psicológica. Esse pode ser o efeito que você deseja criar, mas pense sobre mudar se você quer dar uma impressão mais acessível. Uma mesa em frente a uma parede pode oferecer acesso a prateleiras, quadros etc.; e para os que trabalham num escritório aberto, ficar em frente a uma parede ou tela serve para minimizar distrações e interrupções.

Cadeiras

A maior parte das cadeiras de escritório são projetadas com rodinhas e ação reclinável, permitindo que você se mova facilmente por sua estação de trabalho e providenciando um bom apoio para as costas, a fim de prevenir a fadiga. Rejeite aquelas que parecem um triunfo de ostentação e sinalizam mais sobre sua posição na organização do que em sua produtividade. Favoreça a ergonomia.

Não existe algo como uma cadeira ideal para todos, mas com certeza existem aspectos que você precisa procurar:

- altura ajustável;
- um descanso para as costas ajustável tanto no eixo vertical quanto na posição frente-costas;
- a profundidade da cadeira precisa ser suficiente se você é alto, mas não grande demais se você é baixo;
- estabilidade adequada;
- rodinhas, se necessárias, tem de ser apropriadas para o tipo de assoalho de seu escritório.

Ajustando sua cadeira

O ajuste da cadeira precisa levar em conta as dimensões de seu corpo e a altura de sua estação de trabalho, se ela não for ajustável. A recomendação geral é de que a altura da cadeira seja regulada de forma que você sente confortavelmente, com seus pés inteiramente apoiados no chão e com o espaço de aproximadamente 5 centímetros entre a frente da cadeira e suas pernas. Depois, ajuste as costas para cima e para baixo até que o apoio se encaixe confortavelmente contra a parte baixa das costas quando você estiver numa posição ereta e relaxada. Se os descansos dos braços forem reguláveis, sua altura deve ser ajustada até o ponto em que mal toquem os cotovelos quando estiverem dobrados num ângulo de 90°. Os braços não devem erguer seus cotovelos de forma nenhuma, e você os deve remover se eles o impedem de sentar-se suficientemente próximo a sua mesa (Ilustração 6.1).

O encosto deve se adaptar confortavelmente à parte lombar das costas.

Deve haver cerca de 5 cm de espaço entre a frente da cadeira e suas pernas.

Ajuste a altura da cadeira de forma que você seja capaz de sentar com os pés inteiramente apoiados no chão.

Ilustração 6.1 *Ajuste da cadeira*

Até agora tudo bem, mas o ajuste de sua cadeira também precisa levar em conta sua superfície de trabalho e a altura do teclado. Você deve ser capaz de encaixar suas pernas confortavelmente sob a superfície de trabalho e movê-las com liberdade. Se não for possível, a superfície de trabalho é baixa demais para você e precisa ser ajustada (se houver essa possibilidade) ou trocada. Se a superfície de trabalho é significativamente mais alta do que a altura de seu cotovelo quando você está sentado à cadeira, você pode precisar erguer a cadeira e usar um descanso para os pés a fim de manter uma posição confortável e segura.

OUTROS MÓVEIS

Se seu escritório possui espaço para receber visitantes ou para pequenas reuniões, pense no tipo de mobília que contém. Muitas pessoas ainda optam por cadeiras baixas e uma mesinha de café, mas, se essas peças criam uma atmosfera confortável e relaxada, não são o ideal para fazer negócios. Uma mesa oval ou circular e cadeiras estofadas geralmente são preferíveis para a comunicação frente a frente e facilitam o ato de escrever, sem a necessidade de equilibrar papéis no colo.

Equipamento
Conheci uma secretária executiva que era muito bem organizada. Ela sabia exatamente onde encontrar tudo de que precisava, e sua estação de trabalho era a própria expressão do zelo. Quando a conheci, ela trabalhava para um novo chefe há cerca de seis meses. Seu chefe anterior possuía uma tendência de não usar uma máquina de ditar, e ela mantinha seu equipamento de estenografia numa caixa no alto de um armário alto. O novo chefe fazia um ditado novo todos os dias, portanto a cada manhã ela se esticava para apanhar sua máquina de estenografia sobre o armário e ao final do dia repetia a operação para guardar outra vez a caixa.

Um exemplo extremo? Com certeza, mas serve para ilustrar como é fácil para nós deixarmos que as rotinas antigas permaneçam em seus lugares muito tempo depois que a motivação se foi. Repare onde você guarda os itens de seu equipamento e os acessórios que usa regularmente. Eles devem estar bem à mão quando você precisa deles. Se você possui prateleiras sobre a mesa, a prateleira inferior deve permitir alcançar um item sem que você se levante. Evite colocar itens de uso regular – telefone, impressora, livros de referência – em posições em que você precisa se esticar ou fazer esforço para usá-los.

Iluminação
Muitos dos problemas de iluminação nos escritórios modernos são associados ao uso dos computadores, mas é importante ter

condições de iluminação para outras atividades também. Os difusores de iluminação superior e o uso de lâmpadas na mesa podem ajudar a providenciar condições de iluminação mais confortáveis para ler e trabalhar com material impresso.

O uso do computador

Se suas atividades envolvem uso contínuo do computador, podem-se tomar algumas providências para melhorar a produtividade, aumentar o conforto e proteger contra a lesão e a fadiga. Aqui está uma lista para se seguir:

- A recomendação normal é colocar a tela do monitor à altura dos olhos, embora alguns especialistas lembrem que essa é a posição mais alta que devem ocupar, e mantenham para alguns usuários a posição um pouco mais baixa como a mais confortável para os olhos e para o pescoço.
- Sente-se com uma postura equilibrada e confortável, prestando atenção em particular à posição de seu pescoço, espinha, cotovelos, pulsos, coxas e pés.
- Não fique na mesma posição por longos períodos.
- Mantenha os antebraços, pulsos e mãos numa linha reta e não os apóie em superfícies com arestas. Não pressione demais as teclas.
- O teclado deve permanecer no mesmo nível dos antebraços.
- Faça pausas freqüentes da atividade no computador. Os especialistas sugerem de 5 a 10 minutos em cada hora.
- Ler documentos em papel geralmente requer uma iluminação melhor do que telas de computador. Se você trabalha com papel e computador ao mesmo tempo, uma lâmpada ajustável sobre o tampo da mesa pode iluminar o ambiente sem lançar brilho na tela do computador.

▸ Um suporte para a cópia, do tipo posicionável, ou do tipo que se prende ao monitor, tornará mais fácil visualizar quaisquer notas ou documentos enquanto trabalha no computador. Se for capaz de manter sua cópia de papel aproximadamente à mesma distância dos olhos do que a tela do computador, evitará que seus olhos tenham de refocalizar a cada vez que você olha de um para o outro.

Lendo da tela do computador

Todos nós passamos uma boa quantidade de tempo abaixados sobre nossos computadores, e ainda assim lendo de uma tela que geralmente é menos eficiente e mais estressante do que uma folha de papel. Os estudos mostraram que somos cerca de 25% mais lentos ao ler de um monitor e temos maior dificuldade em entender o que lemos. Quando revisamos documentos tendemos a deixar passar erros que poderíamos ter avistado com facilidade no papel. Não é de espantar que muitos prefiram imprimir o arquivo, por mais ineficiente que seja o processo. O problema surge de uma combinação de fatores – os monitores exibem o texto numa resolução mais baixa do que a página impressa, e as letras na tela possuem uma borda mais serrilhada, que o cérebro acha mais difícil de interpretar. Outro fator psicológico é que freqüentemente o leitor está consciente de que uma página de Internet é talvez uma entre milhões competindo por atenção, e o sentido de não saber se aquela é a "certa" produz a tendência de passar pelo documento em vez de mergulhar nele. As coisas estão melhorando com monitores de mais qualidade e melhor capacidade de exibição dos computadores. Companhias como a Microsoft investiram em uma melhor tipografia e na produção de fontes projetadas especificamente para o uso na tela. Entretanto, existem coisas que você pode fazer para otimizar sua experiência de ler na tela:

- Escolha o monitor de melhor qualidade possível, e regule a tela para a melhor resolução disponível.
- Posicione os monitores de forma que a luz não seja refletida neles. Tome cuidado para que não tenha de lidar com contrastes extremos – um monitor colocado em frente a uma janela em que a luz do sol do lado de fora contrasta bastante com a tela pode forçar os olhos. Use persianas e difusores nas luzes do alto para contrabalançar esses problemas.
- Ajuste o contraste e o balanço da tela do computador num nível confortável.
- Descanse os olhos a cada período de 10 ou 15 minutos, fechando-os momentaneamente, olhando para um objeto distante e piscando freqüentemente.
- Limpe a tela do computador regularmente.
- Não se aproxime demais da tela: isso tende a tensionar tanto seus olhos quanto o pescoço. Óculos de leitura (pequena distância) usados para trabalhar no computador podem ser a causa. Você pode precisar de óculos com uma receita que lhe permita focalizar à distância adequada.
- Faça uso total das vantagens que os computadores possuem sobre a página impressa. Em vez de rolar a página por um documento extenso, use o recurso para "localizar" a fim de encontrar com rapidez a informação desejada e utilize *links* para seguir as referências.
- Se você estiver usando uma versão recente do Microsoft Word, escolha o *"Layout* de Leitura" quando desejar ler ou revisar documentos. A aparência e as fontes são especialmente projetadas para uma leitura mais fácil na tela.
- Programas de buscas como o Google irão freqüentemente apresentar uma escolha de formato: pdf ou html.

O formato Adobe pdf é geralmente mais legível, pois captura o gráfico e os textos exatamente como estavam na página impressa. Pode também incorporar ajuda adicional para navegar em documentos extensos.

Arrume o espaço de trabalho desorganizado

Espaço de trabalho desorganizado é uma poderosa fonte de tempo desperdiçado e estresse desnecessário. Arrumar é um compromisso com uma forma mais eficiente de trabalho. A área ao redor de sua mesa é a parte mais importante de seu ambiente de trabalho, e você pode ficar tentado a começar por ela. Mas sugiro que comece sua ordem limpando prateleiras e gavetas, para liberar mais espaço a fim de acomodar itens que estejam atulhando sua área de trabalho imediata.

Organizando prateleiras, gavetas e estantes

Existem muitos esconderijos no ambiente de trabalho para as coisas de que você não precisa. Comece olhando para as prateleiras mais distantes de sua mesa – elas são provavelmente a parte que contém maior quantidade de material redundante, não tocado por arrumações anteriores – e continue na direção dela. Dessa forma, você sempre terá espaço para abrigar itens que estejam atualmente atulhando a parte mais próxima a sua área de trabalho. Limpe a área sem piedade. Se existirem itens que realmente não possam ser descartados, mas não precisam ficar à vista, coloque-os em caixas de arquivos ou em outro tipo de embalagem. Lembre-se de anotar no exterior da caixa o conteúdo interno, e de arquivar onde você possa encontrar.

Percorra suas prateleiras e gavetas, livrando-se de quinquilharias, agrupando itens e certificando-se de que objetos tais como caixas sejam sempre rotulados. Com estantes pode ser melhor tirar tudo para arrumar outra vez depois da triagem. O fato de que os livros são teimosamente produzidos em formatos diferentes significa que você não será capaz de organizá-los com perfeição, nem deve perder tempo tentando fazer isso. Tudo o que precisa fazer é organizar o material de forma que possa rapidamente apanhar um item quando necessitar dele.

Organizando o espaço em sua mesa

Eu costumava fingir que podia trabalhar direito com uma mesa atulhada. A despeito de várias pilhas de papel, eu afirmava poder com facilidade colocar minhas mãos em qualquer documento de que precisasse e que o fato de poder deslocar minha atenção de uma tarefa para outra me mantinha alerta durante o dia de trabalho. Naturalmente, era bobagem. Papéis supérfluos são uma distração em relação ao trabalho que está sendo feito, da mesma forma que interrupções e telefonemas. Era fácil lidar com uma mesa atulhada, abordando superficialmente as tarefas em vez de realizar o esforço concentrado necessário para completá-las. A presença da multiplicidade de documentos é também uma desculpa para a procrastinação. Quando se está lidando com uma tarefa, é a coisa mais simples do mundo girar sua energia para outra, aparentemente mais urgente, que nos chama do topo da lista mais próxima.

Localizar documentos pode desperdiçar quantidades consideráveis de tempo e atrair um bocado de distrações. Considere o número de vezes em que você precisou olhar toda a pilha quando um telefonema ou um pedido exigia um determinado documento. Pesquisas indicaram que 15 minutos por dia é uma estimativa bastante conservadora. Não parece muito, não é? Mas quando se considera que 15 minutos por dia fazem uma semana e meia a cada ano, o desperdício de tempo é muito mais aparente. O que você faz com esse tempo? Se você é desorganizado a ponto de passar 30 minutos por dia procurando coisas, então a recompensa por uma melhor disciplina de trabalho pode ser de quase três semanas de atividade produtiva a mais.

A desorganização da mesa também destrói sua capacidade de estabelecer prioridades. No interior da mesma pilha é provável que se encontrem notas escritas, relatórios incompletos, cartas importantes e inutilidades. Todos partilham um destino comum – sua importância só é considerada quando eles vêm para o topo da pilha ou forçam a si mesmos para sua consciência, quando você está procurando alguma outra coisa.

E há também a ineficiência do método. Quando você começa uma nova tarefa, precisa limpar uma área de trabalho, e empurra outra atividade incompleta para pilhas ainda maiores. O mesmo item passa por suas mãos várias vezes, emergindo e afundando na confusão de papéis. Você desperdiça energia em coisas que deveriam ter sido dispensadas na primeira vez em que as viu. Perde prazos porque os papéis que deveriam lembrá-lo deles estão imersos sob pilhas de outros assuntos. Você chega a pilhar a si mesmo procurando aquela informação importante no cesto de lixo, pois foi rabiscada num outro papel, que pode não ter feito sentido quando o apanhou da pilha pela manhã.

Finalmente, há o estresse. Durante todo o tempo em que você lida com os papéis como uma massa amorfa, paira no ar uma fonte de inquietude. Você não tem certeza absoluta sobre o que habita sua pilha e existe sempre um lembrete de seu fracasso presente no alto dela. Muito freqüentemente, a própria presença de tarefas a serem cumpridas é mais estressante do que realmente fazê-las.

Enfim, está convencido? Claro. Tudo o que resta agora é fazer algo a respeito. A simplicidade tem de ser o tom principal de sua organização na mesa. Um de cada é um bom ritmo para começar – um na caixa, um fora dela, um diário, um caderno. Considere a idéia de manter assuntos pessoais em sua mesa. Você pode querer guardar aquela velha fotografia ou momento, mas isso não faz sentido quando seus objetos pessoais comprometem sua capacidade de trabalhar com eficiência. Os acessórios e equipamentos em sua escrivaninha devem ser itens que você usa diariamente. Outras coisas devem ser mantidas à mão, porém longe de sua área principal de trabalho. Dê a si mesmo espaço para trabalhar. Existe uma vantagem psicológica além da física na ausência de material inútil à vista.

Você pode precisar de uma cancela mental para limpar sua mesa. Existe uma tendência para associar a mesa atulhada com o proprietário ocupado, e gostamos de pensar em nós mesmos como ocupados. Lembre, entretanto, que se pode estar ocupado e ainda assim ser incompetente e pouco produtivo. Deixe que os resultados de sua atividade falem por você, em vez da aparência de sua mesa. Uma vez que esteja certo sobre o que deve permanecer sobre sua área de trabalho, já pode passar às pilhas.

Livre-se das pilhas

A perspectiva de se livrar das pilhas de papéis que se acumularam sobre sua mesa pode ser atemorizante, mas ao separar algum tempo para uma triagem em regra você pode se livrar delas e do peso mental que acompanha a presença dos papéis. Além de itens que realmente precisam de ação de sua parte, ou devem ser encaminhados a outras pessoas, é provável que suas pilhas de papel consistam de documentos (relatórios, periódicos etc.) que você deixou de lado para ler depois, itens que não chegaram ao arquivo e coisas que você não sabe bem o que fazer com elas.

Seu objetivo é livrar-se das pilhas de papel; você não pode se deixar intimidar. Portanto, prepare-se para atacá-las e lidar rápida e decisivamente com seu conteúdo (Ilustração 6.2).

- Marque quatro pastas, bandejas ou cestos vazios: Lidar, Distribuir, Ler, Arquivar. Certifique-se de ter uma caixa sólida e grande ou sacos de lixo para a categoria que será a mais importante: a pilha dispensada.
- Aproxime-se da tarefa com a idéia de que a maior parte dos itens está destinada ao cesto de lixo. Qualquer relevância que tivessem quando foram agregados à pilha diminuiu. Não repita a indecisão anterior. Na dúvida, jogue fora.

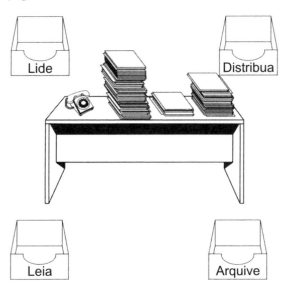

Ilustração 6.2   *Livre-se das pilhas*

- Não perca tempo lendo itens. Uma olhada para saber a qual categoria pertencem e logo o papel é colocado na caixa correta.
- Não arquive nem aja sobre as coisas enquanto trabalha; você irá se distrair. De todo jeito, faça a separação e depois aja, mas mantenha-se em seu objetivo: acabar com a pilha.

› Folheie revistas e periódicos, rasgue as páginas que contem os artigos que você quer manter e jogue o resto fora. Não pare para ler nessa fase.
› Quando tiver terminado a pilha, volte sua atenção para as quatro bandejas. Marque um tempo para lidar com as tarefas de ler e arquivar e use um sistema de arquivo do tipo fole ou lembretes de seu PIM para determinar quando os itens da caixa "Lide" serão acionados.

Abordada dessa forma, uma tarefa temível pode se tornar uma verdadeira eliminadora de estresse.

Limpe seu espaço virtual

O lixo em seu computador pode não ser tão óbvio quanto as pilhas de papel pelo escritório, mas ainda assim tem o poder de atrasar você e limitar sua eficiência. Aqui estão alguns pontos para pensar:
› O *desktop* de seu computador está atulhado? Existem alguns atalhos que você sempre usa, ou arquivos que foram salvos para o *desktop*? Alguns programas colocam atalhos no *desktop*, quer você permita ou não. Livre-se do material supérfluo de forma que os ícones em seu *desktop* sejam para as aplicações que você utiliza a maior parte do tempo.
› Você tem *screensavers* que seja irritantes ou distraiam, do tipo animações desnecessárias?
› Seu disco principal está atulhado com arquivos inúteis? Contém aplicativos que você não usa mais, ou versões antigas de programas que ficaram no lugar depois do *upgrade*? Existem muitos arquivos temporários deixados pela instalação de um programa e que não são necessários?
› E com respeito a programas que iniciam quando o sistema operador carrega e os opera sem interferência do

- usuário? Alguns são importantes, mas outros estarão usando a memória desnecessariamente.
- Seu disco rígido está fragmentado? À medida que arquivos são acrescentados e apagados, o espaço disponível em disco torna-se um conjunto de pequenos espaços, e o sistema operacional pode ter de quebrar arquivos grandes para acomodá-los nesses pequenos espaços. Isso pode diminuir bastante a velocidade de seu sistema, mas pode ser corrigido com simplicidade ao se acionar com regularidade a aplicação de desfragmentação.
- E os registros do Windows, estão repletos? Os registros são arquivos de dados usados pelos Windows e por outros *software* para salvar os dados do programa e do usuário. Pode conter dados incorretos ou *links* com arquivos relacionados a aplicações apagadas e diminuir a velocidade de seu sistema, ou até fazer que alguns programas "travem".

Limpar seu computador pode ser um desafio se você não tem experiência em informática, e os registros, em particular, não são uma área para novatos, mas existem vários aplicativos que oferecem a limpeza de seu sistema sem riscos. Os exemplos incluem utilitários conhecidos como o Systemworks da Symantec e a utilidade Fix-It; entretanto, existem vários *shareware* ou *freeware* livre de custos e eficientes, que se pode carregar nos *sites* apropriados. Verifique as recomendações antes de usar.

Mantenha seu espaço bem organizado

Certo, então você conseguiu fazer uma limpeza no conteúdo de seu escritório. As coisas que usa habitualmente estão à mão, você se livrou das inutilidades e lidou com as pilhas. Como faz para manter tudo dessa forma?

A resposta é, infelizmente, monótona. Está relacionada com hábitos de trabalho positivos:
- Passe adiante os papéis que chegam, usando os quatro Ds, conforme explicado no Capítulo 4.
- Na dúvida, jogue fora!
- Não use sua mesa como espaço a ser preenchido – use pastas ou "traga para a frente" apenas arquivos para o trabalho em progresso (veja o Capítulo 7).
- Não transfira pilhas de papel de sua mesa para outros locais do escritório.
- Tente arquivar com base diária. Quando remover itens de seus armários e arquivos, faça como ponto de honra devolvê-los tão logo quanto possível.

Sumário

Os aspectos-chave para organizar seu espaço são:
- arranjar sua mobília e equipamento para maximizar a segurança, o conforto e a produtividade;
- liberar algum tempo e espaço reorganizando sua mesa e espaço de arquivamento;
- reduzir o estresse eliminando pilhas de papel do escritório.

7

Organize sistemas de arquivos

Há não muito tempo, este capítulo seria sobre como realizar a organização física dos documentos. Hoje, precisamos levar em conta a quantidade total de informação que nunca chega a ser impressa – *e-mails*, páginas da Internet, arquivos eletrônicos partilhados –, assim como as opções para arquivamento eletrônico dos documentos de papel, e faremos isso mais tarde, ainda neste capítulo.

Apesar de tudo, começaremos com o arquivamento tradicional manual. Independentemente de quão tecnológico você seja, é provável que continuem a existir documentos que você irá guardar em forma de papel impresso. Uma cópia em papel pode ser exigida por motivos legais ou de impostos, ou alguns itens podem simplesmente ser um embaraço muito grande para o arquivamento eletrônico.

As pesquisas mostraram consistentemente que o arquivamento é a tarefa organizacional que as pessoas mais odeiam, e nesse estado de espírito estamos arriscados a não dar atenção suficiente a essa tarefa e não cumpri-la bem. O único motivo para colocar um documento num arquivo é você encontrá-lo outra vez, e o único motivo pelo qual você iria querer fazer isso seria ajudar a preencher alguns aspectos de seu trabalho futuro.

Cerca de 85% do material arquivado num armário comum de metal nunca mais é consultado. Isso significa que, de cinco arquivos guardados e catalogados a duras penas, apenas um será necessário no futuro. E as probabilidades são de que esse arquivo será difícil de localizar. É o caso de 85% do que você não precisa ficar no caminho dos 15% de que você precisa.

Nunca se pode prever de quais desses documentos você precisará outra vez. Algumas coisas precisam ser guardadas com base em "pode ser", mas você pode reduzir drasticamente a tarefa de arquivar e o problema para encontrar se usar com mais confiança a opção de "descartar" quando recebe o material.

Arquivar não é uma questão de apanhar um documento de sua mesa quando está com medo de jogá-lo fora e não tem certeza sobre o que fazer com ele. Um documento só deve chegar ao arquivo quando não pode ser acessado com facilidade em algum outro lugar e existe uma chance razoável de ser necessário no futuro.

Se você puder se afastar de um arquivamento defensivo – baseado em "melhor arquivar, por via das dúvidas" – na direção de um arquivamento ofensivo, então você tem mais chance de conseguir um sistema de arquivos enxuto, que irá funcionar bem para você. Para cada documento que considera caso de arquivamento, pergunte a si mesmo: "Que uso desse documento haverá para mim, no futuro?". Se não obtiver uma resposta convincente, jogue fora.

Além de arquivamento defensivo, existe um número de outros problemas comuns com documentos a arquivar. Quantos desses se aplicam a você?

- Informação localizada em local não apropriado?
- Nenhuma estrutura para o sistema de arquivos?
- Uma estrutura que não foi mantida?
- Raciocínio insuficiente dado a agrupar adequadamente os itens para permitir uma localização fácil?

- Falha em jogar fora material obsoleto?
- Esquecer que arquivos você já tem e estabelecer arquivos que duplicam a existência de categorias de informação?
- Arquivar material facilmente acessível em outro lugar?
- Estabelecer categorias demais no interior de um sistema de forma que ele se torne pouco administrável?
- Uso de equipamento pouco apropriado para arquivamento de determinados tipos de material (por exemplo, arquivos suspensos para guardar pesados relatórios grossos e periódicos)?
- Tempo gasto com coisas que foram mal arquivadas?
- Indecisão sobre onde colocar as coisas?
- Arquivos perdidos que foram "emprestados" por pessoa ou pessoas desconhecidas?

Localize a informação de forma apropriada

Sua escolha de localização e mídia de armazenagem deve levar em conta a freqüência com a qual você precisa consultar os arquivos.

Projetos e atividades atuais

São os arquivos que você pode precisar consultar muitas vezes durante o dia e devem ser mantidos em gavetas da mesa ou em um arquivo ao lado de sua mesa. Assim como os arquivos para projetos individuais ou trabalhos em andamento, você pode querer marcar um arquivo para correspondência pendente, um para leitura e outro para reuniões. Isso pode ajudar a evitar a tendência de colocar as coisas de volta em sua bandeja ou de criar pilhas em sua mesa. Se escolher essa abordagem, precisa tomar cuidado para que os arquivos não se tornem áreas de inutilidades em geral. Arquivos "para ler" são particularmente sujeitos a isso. Arquivos em geral também podem resultar em informações relacionadas a datas sendo ignoradas – leituras preparatórias para uma reunião, por exemplo, ou uma carta que precisa ser respondida numa data em particular. Use um arquivo do tipo fole com um sistema de "trazer para a frente" (ver Capítulo 6) a fim de ultrapassar esse problema.

ARQUIVOS PRINCIPAIS DE REFERÊNCIA
Seu sistema principal de arquivos é para as coisas que você precisa consultar de tempos em tempos. Material dos projetos atuais e categoria de atividades encontrarão seu caminho até lá, desde que valha a pena guardá-los. Não transfira simplesmente os atuais arquivos de projetos para seu sistema principal quando terminar o projeto. Muitas vezes ele ficará atulhado de papéis de trabalho e rascunhos que não são significantes. Impiedosamente, corte o que é inútil, se quiser colocar as mãos no que é importante.

Estabelecendo seu sistema de arquivos

Primeiro, determine as divisões maiores nas quais deseja agrupar seus arquivos. Irão depender claramente da natureza de seu trabalho, mas os exemplos de títulos de categorias podem incluir clientes, pessoal, projetos e administração. Você pode querer considerar códigos de cor para cada categoria, de forma que, quando procurar um arquivo, possa logo ir para a parte certa do arquivo. Esse método é particularmente útil quando você está usando um arquivo lateral em vez de um arquivo do tipo gaveta. A ordem alfabética é normalmente a forma mais conveniente para arranjar os arquivos individuais dentro de cada categoria.

Ao decidir os títulos para os arquivos individuais, escolha a descrição mais ampla possível, consistente com a praticidade. Em pouco tempo, você desejará evitar a necessidade de dividir arquivos grandes demais, e também não quer se encontrar com um grande número de arquivos, cada um contendo poucos documentos. Nem é proveitoso para uma fácil recuperação, que é o único motivo pelo qual você está realizando essa tarefa. Se os títulos dos arquivos forem grandes demais, então você pode muito bem deixar os arquivos em pilhas. Não tente prever todos os arquivos de que você precisará no futuro – você vai acabar com algumas pastas vazias se fizer isso –, mas lembre-se de que seu sistema precisa da capacidade de expandir racionalmente; portanto, deixe espaço entre os arquivos e seções para que isso aconteça. Mantenha os títulos curtos e simples, e tente evitar descrições vagas ou específicas demais. Arquivos de miscelânea são verdadeiros buracos negros.

Escolha um tipo de armazenamento apropriado para o material. Use arquivos de revistas ou caixas em vez de pastas pendentes para relatórios e periódicos grossos. Recortes usam muito menos espaço e é mais fácil encontrar o item que você quer.

Arquivando documentos

Se você seguir os procedimentos para papéis recomendados no Capítulo 4, terá retirado o que não é necessário ou o que não vale a pena guardar. Aqui estão alguns indicadores individuais para assegurar que seu arquivo de papéis seja administrado da melhor forma possível:

- Tome nota indicando o destino imaginado do arquivo no alto de qualquer documento que você resolva arquivar. Isso evita que você tenha de reler e resolver outra vez o destino quando chegar o momento de arquivar o documento.
- Se você está incerto sobre onde colocar um item, pense sobre o contexto mais provável no qual você será capaz de precisar dele no futuro.
- Mantenha uma lista de arquivos para ajudar a refrescar a memória quando resolver onde arquivar um item e

para evitar abrir novos títulos que irão se superpor àqueles já existentes.
- Não arquive documentos já arquivados no computador. Certifique-se de ter uma estrutura sensível de diretórios para seu computador com *back-ups* confiáveis. É mais fácil de fazer, de encontrar, de corrigir, e gasta menos espaço.
- Não arquive material que está disponível em outras fontes, como o original do documento, arquivos centrais, fontes de referência da Internet.
- Crie o hábito de arquivar. Gastar algum tempo regularmente é uma tarefa menor do que procurar cada documento para arquivar. Tente fazer isso diariamente, se possível.
- Se estiver tentado a arquivar um item que não se incomodou em ler, pergunte a si mesmo: "Por quê?".
- Se perder arquivos for um problema em seu escritório, um sistema simples de rastreamento pode ser instalado. Mantenha alguns cartões A4 ao lado dos arquivos, cada um dividido em três colunas: Nome, Localização, Data. Qualquer um que apanhe um arquivo deve deixar os detalhes nesse cartão e colocá-lo no local apropriado.

Rastreamento eletrônico de arquivos em papel

Um certo número de companhias oferece *software* que objetiva auxiliar o arquivamento manual e o torna um assunto simples encontrar arquivos quando necessário. Um deles é o Paper Tiger (www.thepapertiger.com). É um arquivo bem organizado, talvez caro, que permite que você designe diferentes locais para a informação – arquivos de referência, caixas de documentos, cadernos etc. –, e em vez de etiquetar cada arquivo ou documento com seu conteúdo, usa uma seqüência simples de números. Palavras-chave são usadas com as localizações numeradas e um comando de busca rápida irá revelar imediatamente o paradeiro de qualquer item que você esteja procurando. O *software* evita ter de etiquetar os arquivos e existe menor necessidade de preocupação rígida com as categorias e com manter juntos os itens. Se um arquivo possui conteúdo variado, então palavras-chave adicionais resolvem o assunto, e nem há problema se mais de um arquivo contém informação sobre o mesmo assunto. Esse *software* é particularmente útil para seguir informação guardada em outros locais que não arquivos tradicionais – caixas de revistas e cadernos, por exemplo. Há também um recurso de lembrete que permite que você saiba quando um arquivo deve ser revisto para atualização. Os produtores desse tipo de programa agora oferecem pacotes que podem manipular arquivos em computadores. No caso do Paper Tiger, é oferecida integração com o Google *Desktop* (veja adiante nesse capítulo).

Aparando e podando seus arquivos

Sem atenção regular, os arquivos podem rapidamente sair do controle. A vida de arquivamento de um material varia enormemente, de acordo com a natureza da informação. Alguns itens se tornam redundantes em questão de semanas, ao passo que outros precisam ser mantidos por anos. Retirar o que precisa ser dispensado ou arquivado pode ser um desafio. Se você está trabalhando com um arquivo e percebe que ele contém informação obsoleta, corte aqui e ali, mas não se deixe ser distrair da tarefa que está realizando para um processo de atualização.

Tente marcar uma revisão regular dos arquivos. Você pode optar pelo "big bang" ou por "aparar pouco e sempre". O primeiro é uma triagem por todos os arquivos, vamos dizer, de três em três meses. O segundo pode significar gastar cinco ou dez minutos separando alguns arquivos ao final de cada dia. Ambos possuem inconvenientes. Se você está sobrecarregado (e quem não está atualmente?), o "big bang" tende a ser adiado indefinidamente, até que surja um problema sério. Por outro lado, pouco e sempre requer mais atenção para estabelecer um hábito. O que quer que você resolva, é preciso ser impiedoso com as inutilidades e não se deixar distrair para outras tarefas. Se existem itens fora de lugar, ou se um arquivo precisa ser colocado junto com outro, simplesmente coloque os itens onde precisam estar e resista à tentação de separar os arquivos de destino a menos que seja um com o qual você já tenha lidado. Chegará o momento e a vez dele.

Arquivamento eletrônico de documentos em papel

Arquivar documentos eletronicamente possui a vantagem de economizar muito tempo e espaço ocupado pelos métodos tradicionais de arquivamento, com a grande facilidade de poder partilhar os dados e recuperar informações. A capacidade cada vez maior e o custo menor significam que o arquivamento eletrônico está ao alcance de qualquer usuário de computador. Tudo de que você precisa é de um *scanner*, *software* apropriado e uma mídia de armazenamento, como um CD, um DVD ou um *hardware* adicional. Se você for processar um grande número de documentos, ajuda que o *scanner* tenha um alimentador automático de folhas. O *software* necessário para escanear, ler e salvar seus documentos geralmente vem com o *scanner*, mas uma atualização de baixo custo para uma versão profissional do *software* geralmente irá adicionar uma sofisticação razoável ao produto. Tal *software* permitirá que você escaneie documentos diretamente para o Word ou Excel, contudo um formato mais conveniente para esse arquivamento é o pdf (*portable document format*). Ele salva o documento num formato mais compacto – mais de 100 mil páginas podem ser arquivadas num DVD padrão –, com formatação, texto e gráficos exatamente como aparecem no original. Documentos podem ser procurados por qualquer palavra no interior deles e lidos por qualquer um que possua o Adobe Reader no computador (www.adobe.com). O formato está se tornando um padrão mundial em partilhar documentos.

Administrando seus documentos escaneados

Existe um número determinado de produtos em *software* cujo objetivo é ajudar você a manipular e recuperar documentos eletrônicos. Alguns, como o PaperPort da Scansoft, fornecem assistência sofisticada com o processo de escanear e arquivar, assim como recuperar. Para aqueles cujas necessidades são para indexar e recuperar, existem ferramentas potentes para o *desktop*, que podem ser carregadas livre de despesas do Google, Microsoft, Copernic e Yahoo. O Google *Desktop* (www.google.com) trabalha oculto em silêncio, enquanto o computador está ocioso, para indexar todas as informações contidas nos arquivos que você deseja recuperar – Word, Excel, pdf, *e-mail*, contatos, tarefas, história da web e arquivos de mídia. Você pode escolher que tipos quer incluir no índice. O *software* oferece então uma busca muito rápida, ao estilo Google, que encontrará qualquer documento que combine com sua palavra ou palavras.

Alguns *software* permitem que você acompanhe papéis assim como os arquivos eletrônicos. Existem claramente vantagens em ser capaz de recuperar informações sobre todos os dados de uma interface.

Organizando arquivos no computador

Você pode sentir que, com o sofisticado programa administrador de arquivos e as ferramentas de busca agora disponíveis, a atenção para organizar arquivos em seu computador é desnecessária, mas eu sugeriria enfaticamente a criação de um grupo simples de material em pastas e subpastas. Leva pouco tempo para fazer, torna as tarefas com arquivos mais diretas e haverá muitas ocasiões em que será muito mais rápido ir diretamente a uma subpasta onde você saiba que pode localizar um arquivo do que tentar lembrar de um nome ou palavra-chave para iniciar uma busca.

Sugiro que decida primeiro qual será sua diretriz principal para o arquivamento. Minha forma preferida de trabalhar é criar uma pasta nova a cada ano. Permite um arquivamento mais fácil e evita que subdiretórios em documentos de rotina saiam do controle. No interior de seu diretório principal, estabeleça subdiretórios para as diferentes categorias de atividades e os tipos de documentos de rotina que você cria. Produza subpastas adicionais para quaisquer projetos maiores que requeiram grupos significativos de documentos.

Então, informe seus aplicativos no computador o local onde arquivar os documentos. Quando você aciona os comandos "abrir" ou "salvar", quer que o computador vá até seu diretório principal atual; você pode querer alterar as regulagens existentes de forma a fazer isso. Tais mudanças são feitas geralmente clicando em "opções" ou "preferências" no interior do item "ferramentas", no menu de sua aplicação.

Escolhendo nomes de arquivos

É uma questão de simplicidade e acessibilidade mais uma vez. Ajuda bastante ter nomes de arquivos que significam alguma coisa para você quando os procura em todas as ocasiões em que não está usando as buscas do *desktop*. Você não precisa da irritação e da perda de tempo abrindo um arquivo só para descobrir que não é exatamente o que queria. Se seu *software* oferece um nome automaticamente, baseado na primeira palavra do arquivo, lembre que pode não ser adequado, pois estará produzindo uma série de arquivos com o nome parecido. Documentos como cartas ou minutas são mais bem arquivados com um nome e uma data (Bloggs 5-10 ou Segurança 30-6), de forma que outros documentos relacionados com a mesma pessoa ou reunião possam ser identificados com rapidez.

Back-up

Com a informação baseada em computador, ao contrário do papel, você não precisa ser tão rigoroso quanto ao que salvar ou não salvar, mas precisa devotar atenção ao *back-up*. Poucas experiências no escritório podem ser mais estressantes do que a completa perda de dias, meses e semanas de trabalho. Raramente é impossível recuperar a informação perdida, mas o fato de fazer isso pode consumir tempo e envolve despesas com serviços especializados em recuperação de dados.

Do que fazer *back-up*?
Fazer *back-up* de todo o sistema pode ser um processo demorado, e para muitos usuários é desnecessário. Se ocorrer um desastre, os *software* podem ser reinstalados. Os arquivos que você criou são os que precisam certamente de *back-up*, e você irá poupar um bocado de dor de cabeça se salvar suas opções para o sistema operacional e para os aplicativos principais. Existem dúzias de aplicações que podem ajudar a fazer um *back-up* simples, confiável e, se você desejar, automático. Alguns deles são incluídos com os pacotes utilitários, ao passo que outros são, em si, pacotes de programas. Na época em que este livro foi escrito, dois exemplos baratos e bem vistos eram o Genie Backup Manager (www.genie-soft.com) e o Argentum Backup (www.argentuma.com).

Onde criar o *back-up*
Existem agora várias mídias baratas – discos rígidos adicionais, gravadores de CDs e DVDs e *flash drives*. Se você estiver

ligado a uma rede, pode usar um aplicativo para gravar na própria rede, ou pode escolher um dos muitos *sites* da Internet que oferecem *back-ups* seguros. A consideração mais importante é que você não deve gravar o *back-up* no mesmo disco rígido que contém os originais; para se precaver contra a possível perda de dados por meio de roubo ou incêndio, o local onde você guarda seus discos de *back-up* deve estar separado de seu computador.

Sumário

O arquivamento eficiente de informações precisa de:
- clareza sobre o que vale a pena ou não arquivar;
- uma estrutura simples e lógica que seja incorporada à rotina;
- atualização regular do material redundante;
- *back-up* confiável e freqüente das informações eletrônicas.

8

Use a tecnologia para auxiliar

A tecnologia pode ser tanto um auxílio para a organização quanto um fator que leva à maior desorganização. A geração tecnicamente assistida e a comunicação de informação levaram a um grande aumento do volume de informação em circulação diária; longe de chegar aos escritórios sem papel que divisamos nos anos 1980, quantidades ainda maiores de papéis estão sendo produzidas, manipuladas e arquivadas. Mas a tremenda capacidade da tecnologia em nos assistir ao criar, comunicar manipular e estocar a informação também oferece soluções em potencial para o problema. Seu sucesso irá depender da escolha certa e do uso eficiente das ferramentas disponíveis.

Saiba quando não usar tecnologia

A tecnologia de informação tornou-se tão difundida que ficamos tentados a utilizá-la para cada tarefa que envolva a manipulação de informações. Isso seria um erro. Existem ocasiões em que o esforço de usar a tecnologia ultrapassa a vantagem, ou a mídia é pouco apropriada:

- produzir uma resposta no editor de textos a uma comunicação interna, quando uma simples nota manuscrita sobre o documento original seria suficiente;

- estabelecer uma agenda telefônica digital para números de contato quando esses números são limitados e provavelmente continuarão assim;
- gastar tempo e energia para aprender a usar um *software* para desempenhar uma função que você poderia desempenhar manualmente e que possui importância marginal ou significância ocasional em sua carga de trabalho.

Escolha o *software* apropriado

Deixe o impulso da necessidade resolver sobre sua decisão acerca do uso de *software*. Também é fácil demais ser tentado pelas maravilhas de produtividade de um determinado pacote de *software* e, tendo-o adquirido, olhar ao redor, procurando uma tarefa para utilizá-lo. Usar um produto para resolver uma necessidade determinada é geralmente uma forma eficiente de aprender seu uso, mas tome cuidado para não estabelecer escalas de tempo pouco realistas para conseguir seus objetivos com a nova ferramenta.

Analise o resultado em termos da melhora na produtividade, comparando-o ao investimento de tempo necessário para tornar-se eficiente nessa aplicação. Mesmo que um programa pareça fácil e direto, permita-se bastante tempo até lidar bem com ele. Podem existir aspectos inesperados.

O valor de um pacote de programas em particular irá variar de pessoa para pessoa. Irá depender da experiência que você tem em usar produtos similares, da forma como você gosta de trabalhar e da precisão natural de seu emprego. Use as reportagens das revistas e as recomendações técnicas para ajudar em suas decisões, mas reconheça que apenas você pode fazer uma análise acurada para saber se o programa vale ou não a pena.

Se você é um novato em computadores

Se você é um novato em computadores, deve inicialmente aprender mais sobre os mais fáceis programas de uso geral, sem tentar analisar suas necessidades em profundidade. É provável que consiga maior vantagem organizacional ao aprender a usar um administrador pessoal de informação e um processador de textos e a lidar com *e-mails*.

Os problemas mais comuns para os novos usuários de computadores se constituem em não saber onde começar e ter medo de cometer erros desastrosos. O primeiro é questão de ser corajoso e se lançar ao trabalho. Para o novato, tudo pode parecer um desafio, mas cada passo para a frente torna o seguinte mais fácil. Muitas operações em computadores possuem o mesmo formato básico. Existe uma boa quantidade de tutoriais em forma de livro ou em CD-Rom. Uma vez que você domine o básico, nada melhor do que trabalhar com um projeto real para reforçar seu aprendizado e progredir com ele.

Superar o medo de cometer erros começa com a compreensão de que não há praticamente nada irreversível que você possa fazer a partir do teclado. Tome o cuidado de salvar regularmente seu trabalho e quase todas as situações catastróficas podem ser resolvidas. Existe quase sempre uma solução simples e facilmente executável. Se você não tem um professor experimentado, resista à tentação de expressar raiva e aborde metodicamente a dificuldade, fazendo uso da seção de resolução de problemas no manual de seu *software* ou na própria ajuda do programa.

Não tente aprender demais de uma só vez. Domine um programa antes de passar para o seguinte. A maior parte dos *software* possui uma aparência parecida na tela e na disposição dos comandos. Se você dominou um pacote de programas, pode transferir facilmente para outro programa seu conhecimento dos aspectos básicos, e trabalhar apenas para entender os aspectos diferentes.

Se você é um usuário experimentado em computadores

Antes de embarcar numa nova aplicação, tente chegar a uma estimativa realista sobre os benefícios estabelecidos, comparados ao investimento de tempo no aprendizado da utilização. Uma forma de fazer isso é estimar um período de testes. As perguntas a se fazer seriam:

- Para que usarei esse pacote de programas?
- Quanto tempo por semana passo realizando essas tarefas?
- Qual é a economia semanal de tempo que posso esperar uma vez que me torne um usuário competente do programa?
- Quantas horas de aprendizado vou levar para adquirir uma competência razoável?

Se você dividir as horas de aprendizado pelo número que representa a economia semanal, terá um período de amortização. Por exemplo, se você levar 20 horas para aprender um pacote que economizará apenas 30 minutos por semana, o período de amortização será de 40 semanas. Em outras palavras, vai se passar quase um ano antes que você consiga economizar tempo. Nessa situação, provavelmente existem outros investimentos de tempo que irão produzir resultados mais imediatos.

Resolvendo fazer um *upgrade*

Qualquer que seja o pacote de *software* que você escolha, no decorrer de um curto período é provável que haja uma nova versão disponível, prometendo novos aspectos e maior eficiência. Tome a decisão de fazer ou não essa atualização baseado no seguinte:

Preciso dessas novas vantagens? Poucos de nós utilizam todas as vantagens de um programa aplicativo. Novidades podem parecer atraentes, mas se não oferecerem benefícios significativos não há vantagem em adquiri-las.

As vantagens valem a pena o investimento em tempo de aprendizado? A maior parte dos pacotes de atualização será muito similar a seus predecessores, mas algumas vezes existe uma diferença de projeto que exige que você "reaprenda" o uso. Em contrapartida, as melhoras de desempenho podem ser apenas marginais. Um *upgrade*, de tempos em tempos, apresenta novos problemas ou falhas em desempenho, ou pode diminuir a velocidade do programa em seu computador.

Revendo os hábitos de computador

Há quanto mais tempo você usa computadores, mais provável que se beneficie de uma revisão de seus hábitos. Usuários experimentados podem descobrir que estão fazendo algumas coisas que foram aprendidas quando os computadores eram mais lentos e os programas menos sofisticados; ou que a forma de tentativa e erro na qual aprenderam ignorou atalhos úteis e importantes. Meia hora de revisão à documentação de um arquivo de ajuda ou manual de um novo programa ou sistema operacional pode render muitos dividendos. Aqui estão algumas coisas que você pode procurar:
- facilidades que não estavam presentes em versões anteriores de aplicativos ou programas operacionais;
- atalhos de teclado em comandos habitualmente usados;
- procedimentos de "arrastar e largar" para substituir operações longas;
- personalização de menus e barras de ferramentas.

Ferramentas úteis

Já fizemos algumas considerações acerca da aplicação de tecnologia a fim de ajudar nas organização pessoal:

- uso de PDAs e PIMs para administrar tarefas e o tempo (Capítulo 2);
- administração eficiente de e-*mails* (Capítulo 4);
- administração de documentos eletrônicos (Capítulo 7).

Nas seções seguintes, considerarei brevemente as vantagens organizacionais oferecidas pelos programas comuns para escritórios e examinar as várias formas pelas quais você pode acelerar a entrada de dados em seu computador.

Software geral para escritório

EDITORES DE TEXTOS E PLANILHAS

Editores de textos e planilhas tornaram-se aplicativos sempre presentes, de tal forma que podemos nos sentir culpados de sempre contar com eles. Mas são ferramentas poderosas e a maior parte de nós não os utiliza de forma a aproveitar o enorme potencial que nos oferecem. Tendemos a ignorar alguns dos aspectos que poderiam nos ajudar a economizar tempo ou melhorar nossa organização pessoal. Por exemplo, você está fazendo uso do autotexto e das ferramentas de preenchimento automático para tarefas que requeiram regularmente a entrada do mesmo tipo de informação? Poderia se beneficiar pelo uso de macros – miniprogramas que registram as teclas usadas e podem ajudar a simplificar procedimentos comuns? Está usando a autocorreção para todas as palavras mais comuns que costuma digitar errado ou sempre as corrige manualmente quando isso acontece? Você tem a sua disposição modelos apropriados para os documentos que produz ou perde tempo escrevendo todos a partir da folha em branco? Está usando as ferramentas *proofing* disponíveis para usuários dos aplicativos mais recentes e sistemas operacionais? A habilidade de ler um documento em voz alta por uma voz sintetizada no computador pode ser particularmente útil àqueles com dificuldades visuais, porém serve a todos os usuários quando verificam documentos – especialmente os que contêm muitos números.

ADMINISTRADORES PESSOAIS DE INFORMAÇÃO (PIMs)
Demos uma olhada nesses programas no Capítulo 2 quando consideramos a administração do tempo, mas acredito que valha a pena dar a eles um pouco mais de espaço em virtude da eficiência de uso. Muitos de nós temos PIM nos computadores – e poucos os utilizam bem. Tipicamente, temos instalado o Outlook como parte do pacote Microsoft Office, e ainda assim só o utilizamos para administrar *e-mails* com uma incursão ocasional ao calendário ou lista de tarefas. Mas o Outlook é um programa poderoso que pode ser de grande ajuda na administração de tempo, tarefas e informações. Infelizmente, não é um aplicativo muito intuitivo, e dificilmente você descobriria todas as capacidades que ele possui ao "brincar" com ele. Recomendo enfaticamente a qualquer pessoa que procura melhorar sua organização com o Outlook que leia um dos muitos livros informativos sobre seu uso. Naturalmente, neste livro curto não posso dar um espaço significativo à consideração de um programa; contudo, a seguir estão algumas das facilidades que ele oferece para economizar tempo, e que talvez você não esteja empregando atualmente. Usuários de outros programas de administração pessoal talvez nunca descubram capacidades similares não utilizadas em seus programas.

O Outlook permite que você:
- coloque bandeiras com lembretes nos *e-mails* para acompanhá-los e determine os intervalos de tempo para esses lembretes;
- use bandeiras de cores diferentes (Outlook 2003 em diante) para separar os vários tipos de lembretes e acompanhamentos;

Use a tecnologia para auxiliar | 141

- crie compromissos a partir de *e-mails* ao arrastá-los e largá-los no calendário;
- estabeleça compromissos repetitivos para tarefas que precisam ser realizadas em intervalos regulares;
- use abreviações que economizam caracteres quando digitam tempos e datas; por exemplo, digitando 2w, irá selecionar a data atual mais duas semanas, e 3p será interpretado como 3:00 PM (15 horas);
- use categorias para administrar suas listas de tarefas e que veja claramente o status atual de tarefas associadas com projetos em particular;
- delegue tarefas a outros usuários de Outlook, de forma que essas tarefas apareçam nas listas deles, e você fica informado do progresso realizado;
- veja os calendários de outros comparados ao seu (só disponível quando há rede interna);
- use o *Journal* ou *Business Contact Center* (algumas versões) para acompanhar todas as interações que você tenha com determinados contatos comerciais – *e-mails*, telefonemas, encontros, tarefas e outros documentos;
- estabeleça regras de forma que as mensagens dos contatos em particular sejam sempre manipuladas de uma forma determinada.

APLICATIVOS PARA APRESENTAÇÕES
Aplicativos como o Microsoft Power Point e o Corel Presentations podem não apenas acelerar o processo de preparar uma apresentação, mas aumentar bastante seu impacto. Além disso, são programas fáceis de manejar. E no interior está o problema – essa facilidade de uso faz que sejam empregados demais. Em muitos ambientes de trabalho, uma apresentação em Power Point tornou-se o acompanhamento essencial sempre que as pessoas fazem qualquer coisa. É um caso de possuir a tecnologia

e depois procurar um trabalho que ela possa fazer em vez de aplicá-la judiciosamente para atingir um fim específico. Selecione as ocasiões que genuinamente exijam o uso de *software* de apresentação e depois use-o direito. Um punhado de *slides* vagos e mal desenhados para apoiar uma apresentação dificilmente fornece ilusão de estrutura e pode não valer os esforços limitados que entraram em sua produção. Reconheça que existem ferramentas de baixa tecnologia – cartazes e cartolinas – que podem providenciar apoio perfeitamente adequado em muitas situações.

Quando resolver usar *software* para apresentações, ajuda muito se estruturar seus pensamentos antes de começar. Uma boa apresentação é aquela em que o material visual apóia as palavras, não o contrário. Parece uma afirmação totalmente óbvia, mas muitas vezes é esquecida na pressão para produzir uma apresentação chamativa. Faça uso total do material já contido para evitar trabalho braçal, e importe outras informações de seu editor de texto, planilha ou apresentações prévias em vez de redigitar.

SOFTWARE DE PUBLICAÇÃO DESKTOP

Pacotes de publicação *desktop* se tornaram menos proeminentes em uso geral à medida que a sofisticação dos editores de texto aumentou, mas ainda possuem utilidade em tarefas que exigem apresentações atraentes de texto e gráficos, em materiais como brochuras, propagandas e catálogos. No topo da linha estão os produtos profissionais, como o Quark Xpress e o Adobe InDesign, que são poderosos e caros. Mas existem *software* respeitados e baratos, como o Microsoft Publisher e o Serif Page Plus, que combinam facilidade de uso com a capacidade de produção sofisticada. O que muitos usuários gerais esquecem, entretanto, é que habilidade e a capacidade de projetar são tão importantes quanto o *software*. Os gráficos e modelos prontos podem ajudar a superar as deficiências em projetos, mas se você estiver tentado a usar um programa desses pessoalmente para produzir material que precisa causar impacto pergunte a si mesmo, com honestidade, se o produto de seus esforços fará justiça à organização que você representa e ao investimento de seu tempo. Coloque um preço em seu tempo e o compare em relação à contratação do trabalho.

BASES DE DADOS
A expressão "bases de dados" cobre uma vasta gama de aplicativos que possuem a função de estocar e manipular informações. Muitas delas são pré-formatadas para um propósito em particular (por exemplo, os PIM) ou escritos especialmente para uma determinada necessidade da empresa, e nossa interação com eles consistirá em incluir e extrair esses dados. Programas de bases de dados "em branco", como o Microsoft Acess e o Lotus Approach, são componentes padrão de pacotes para escritório e estão incluídos aqui por um motivo. São ferramentas extremamente poderosas, que podem ajudar muito a organização do escritório. Mas o valor de o usuário comum aprender a estabelecer uma base de dados, em contraste com a entrada e recuperação de dados da planilha que outra pessoa montou, é discutível. A maior parte de nós não terá necessidade de preparar mais do que uma ou duas bases de dados, e o tempo de aprendizado não valerá a pena. Em geral, é melhor adaptar uma planilha a nossas necessidades partindo de uma já pronta – existe uma série de companhias que oferecem pacotes pré-formatados para funções habituais de negócios tais como pessoal, contas, custo do trabalho etc.; se algo específico for requerido, consiga alguém com experiência em bases de dados para produzir uma para você.

Inserção rápida de dados

Até que ponto você pode inserir dados com velocidade e confiança no computador, de onde eles podem ser manipulados, editados, distribuídos e arquivados, é claramente um fator importante de como você é capaz de processar e gerenciar a informação. Se você for um digitador de dois dedos, pode ficar desesperado com essa sua característica pessoal. Vamos passar alguns momentos examinando quatro aplicativos projetados para ajudar você.

SOFTWARE DE RECONHECIMENTO DE VOZ

Com um pacote de programas de reconhecimento de voz você pode ditar material por intermédio de um microfone ou gravador digital, como os encontrados em PDAs, e o computador irá converter sua fala em texto, que pode ser produzido diretamente em programas populares, como o Word. Esse tipo de *software* esteve no mercado durante alguns anos, mas as primeiras versões apresentavam vantagens limitadas, pois requeriam a pronúncia das palavras em separado, de uma forma que é difícil quando se fala naturalmente. Agora possuem maior poder de processamento e desenvolvimento de *software*, significando que podem lidar com velocidades normais de fala, e os produtores apregoam 99% de precisão com velocidades de até 160 palavras por minuto – bem mais rápido do que o mais competente digitador. Mas o *software* de reconhecimento de voz é uma conquista complexa da tecnologia, que lida com grande número de variáveis – dicção, sotaque, modulação, ênfase – e os usuários não são unânimes em sua aceitação. Na verdade, seria apropriado dizer que você adora ou detesta o programa de reconhecimento de voz.

Quando estiver instalando um pacote de reconhecimento, você precisa estar preparado para "treiná-lo" a fim de que reconheça seus padrões de voz em particular e corrija um número significativo de erros antes que o programa se acostume com sua voz. E você precisa continuar uma política firme de corrigir erros de palavras ou pontuações, pois, como um animalzinho de estimação teimoso, ele irá repetir os mesmos erros e continuar pouco preciso. Corrigir erros por voz pode ser uma tarefa irritante. A inclinação é simplesmente corrigir a palavra no texto mais tarde, digitando-a, porém isso ocasionará a repetição do erro.

Você deve lembrar que o ato de ditar é uma ciência em si mesmo. Muitos de nós temos dificuldade de articular nossos pensamentos de forma convincente e fluente, de maneira que fique bem articulado no papel. Se você descobre a si mesmo constantemente tendo que voltar e corrigir trechos do texto, isso pode remover uma parte da economia de tempo. E como o *software* de reconhecimento de voz opera em parte identificando as palavras no contexto, prefere uma fala em sentenças fluentes. Pausas inesperadas e qualquer murmúrio ou outros sons podem prejudicar a precisão.

Postas de lado essas reservas, existe um contexto para os programas de reconhecimento de voz, desde que você esteja preparado para lidar com essas limitações. Eu o recomendaria para aqueles que possuem grande quantidade de correspondência de rotina ou uma necessidade regular de transferir notas em esboço para texto de computador. Os dois produtos principais no mercado são o Dragon Naturally Speaking e o IBM Via Voice, ambos agora distribuídos pela Scansoft (www.scansoft.com). Para usar o *software* de reconhecimento de voz, seu computador precisará de um processador razoavelmente rápido e bastante memória. Verifique cuidadosamente as especificações mínimas antes de comprar.

RECONHECIMENTO DE PALAVRA MANUSCRITA

O uso de computadores portáteis, canetas digitais e blocos digitais, juntamente com o *software* de reconhecimento, tem roubado, de certa forma, o sucesso do reconhecimento de voz. Os programas de reconhecimento de escrita estão no mercado há algum tempo, numa forma limitada aos *palmtop*, mas o desenvolvimento de equipamentos e programas agora o tornam uma proposta viável para uma escala maior. O grande benefício da nota escrita é que, depois de anos de prática, nos tornamos adeptos de anotar pontos importantes enquanto realizamos simultaneamente outra ação – tomar parte numa reunião, manter uma conversa telefônica ou explorar uma idéia difícil. Os últimos veículos para escrita buscam remover a tarefa de transferir esses pensamentos para um texto editável. As variáveis não são tantas quanto no reconhecimento de voz, mas o nível no qual funcionam bem esses aplicativos vai depender, em boa parte, da qualidade de sua escrita. Se, como eu, você tem uma escrita de mão que até você tem dificuldade em decifrar, então seu computador pode não realizar essa tarefa com tranqüilidade.

Reconhecimento óptico de caracteres (OCR)
Já me referi ao OCR em relação ao escaneamento e arquivamento de documentos, mas ele merece uma menção aqui como técnica de entrada rápida de dados sem a necessidade de digitar novamente. O último programa de OCR lerá uma página impressa e a transformará para um aplicativo padrão de escritório – com toda a formatação intacta. Por exemplo, uma tabela de dados pode ser escaneada e colocada diretamente no Excel com os campos preenchidos corretamente, prontos a serem manipulados da forma que você deseja. Versões profissionais de reconhecimento de texto, como o Omnipage e ABBYY FineReader, podem incluir ferramentas úteis para transferir documentos entre diferentes formatos e transformar formulários impressos em eletrônicos.

Pacotes de treinamento de teclado
Os teclados não irão desaparecer ainda de nossos computadores. Mesmo os que usam os métodos já descritos para entrada de dados encontram-se trabalhando com teclado de tempos em tem-

pos. Se você é um digitador de dois dedos, pode se beneficiar do aumento em velocidade trazido pelo uso de todos os dedos. Existe um número de tutoriais de preço baixo disponíveis em CD-Rom que o acompanham por meio de estágios sucessivos de desenvolvimento e prática. É razoável esperar um aumento do dobro de velocidade com 8 a 12 horas de prática. Se você é um digitador de dois dedos, pode ser um pouco mais difícil realizar a mudança, porém, como ex-digitador de dois dedos, posso testemunhar que a mudança é possível com um pouco de perseverança, e faz uma diferença considerável na produtividade.

> **Atividade**
>
> Use essa oportunidade para rever o uso de seus programas atuais e pergunte a si mesmo se existem mudanças que você pode fazer para melhorar sua organização pessoal:
>
> ▸ Que aplicativos estou usando demais ou de forma inadequada?
>
> ▸ Em que aplicativos que uso atualmente eu poderia me beneficiar de uma revisão de meus hábitos de trabalho para fazer melhor uso das instalações disponíveis e aumentar minha produtividade?
>
> ▸ Existem aplicativos que não uso atualmente, mas que poderiam fazer uma diferença significativa em minha produtividade?
>
> ▸ Quais dos aplicativos anteriores poderiam me fornecer o melhor retorno pelo tempo que passaria aprendendo novas técnicas ou revendo as existentes?
>
> Você poderia esboçar uma lista em ordem de prioridade – encabeçada pelas tarefas relacionadas a programas que oferecem o melhor retorno – e incorporá-la em objetivos de termo médio e listas "a fazer".

Organizando uma pesquisa na Internet

A velocidade e a facilidade com as quais você é capaz de acessar informações na Internet geralmente podem ajudar muito em sua organização pessoal, mas o volume de informações disponíveis apresenta sérias dificuldades:

- separar a informação que você precisa da massa de dados pouco relevantes;
- decidir quando parar de procurar;
- evitar a distração apresentada por outros materiais interessantes mas irrelevantes;
- verificar a qualidade e a confiabilidade da informação.

A Internet é enorme e sedutoramente acessível. Você está a apenas alguns cliques de *mouse* de acessar bilhões de páginas de informações, e a tentação é no sentido de procurar demais, por medo de perder alguma informação vital, perdida entre a enorme variedade de dados. Ninguém resiste à necessidade de buscar a informação perfeita. Em nenhum lugar a regra 80:20 se aplica melhor do que na Internet (80% de resultados vêm de 20% do esforço), e você pode desperdiçar grandes quantidades de dados perseguindo um aumento rápido de dados úteis. Em vez disso, concentre-se em buscas planejadas que irão conseguir, com rapidez, quantidades administráveis de informação de qualidade.

Ferramentas de pesquisa
Existem dois veículos primários para localizar a informação na Internet – listas e programas de busca. Nos primórdios, ambos tendiam a ser entidades separadas, mas agora a maior parte dos grandes nomes, como Google, Yahoo, Altavista etc., oferecem tanto uma lista por assunto quanto um programa de busca. O poder muito aumentado e o alcance dos programas de busca os tornou preeminentes, mas ao resolver onde

procurar a informação você precisa levar em conta ambas as ferramentas.

Listas da Internet

As listas da Internet são compiladas por seres humanos, e apresentam os *sites* sob títulos de assunto com subdivisões progressivas e cada vez mais especializadas. Realizar uma tarefa de reunião de informações via lista da Internet é como procurar num catálogo de biblioteca – muito bom para descobrir *sites* com o assunto no qual você está interessado, mas de valor limitado se o que você procura é uma referência específica que pode estar enterrada numa página. Você pode querer se aproximar de sua tarefa por meio de uma lista se o que você procura é uma visão geral no interior de um tópico.

Programas de busca

Programas de busca são compilados e atualizados usando *software* de "rastreamento da web", que percorre a *world wide web*, procurando novas páginas e referenciando o conteúdo. Isso leva a volumes de informação muito maiores do que seriam encontrados numa lista e oferecem a habilidade de destacar uma referência do interior de uma página. Localizar a informação que você deseja é uma questão de escolher a melhor combinação de palavras-chave. O Google possui, de longe, a maior base de dados de procura, e isso o torna a escolha principal para vários usuários, porém estima-se que nem mesmo ele possua mais do que metade do material de procura na rede; portanto, certamente é viável e eficiente usar outros programas de busca se você não encontrar o que procura no Google.

Ferramentas de metaprocura

Elas não possuem uma base própria de dados, mas enviam a mesma pesquisa para vários programas de busca e podem ser úteis se o que você procura é uma referência difícil. Um exemplo é o chamado Dogpile (www.dogpile.com).

Dicas de busca

- Tome cuidado ao formular seu pedido de busca. Se você usar palavras-chave muito gerais, corre o risco de ser confrontado com milhares de páginas de informação. Os programas de busca respondem às pesquisas com as respostas que mais correspondem ao item buscado no início da lista, contudo uma pesquisa vaga pode produzir milhares de respostas com classificações idênticas. Um pouco de pensamento "lateral" pode ser necessário para escolher palavras-chave que podem indicar o material que você procura.
- Use aspas para definir as frases quando deseja que o programa de busca procure uma frase completa em vez das palavras individuais que a compõem. Por exemplo, as palavras *cobertura curta extra* podem produzir literalmente milhões de referências sobre tudo, de colchões a seguros e sorvetes. Colocar a mesma combinação de palavras entre aspas reduz as respostas a cerca de 200, todas relacionadas a criquet (esse é o nome de uma posição no campo de criquet). Use letras maiúsculas se estiver procurando nomes próprios – pessoas, lugares ou companhias.
- Use "operadores" opcionais para estreitar sua busca. Todos os modelos de programas de busca empregam dispositivos para uma busca mais sofisticada. A maior parte usa o símbolo + para indicar palavras que devem ser inseridas nos resultados da busca e o símbolo – para qualquer palavra que deseje excluir. Usando as palavras-chave "hotel + Perth – Escócia" irá localizar hotéis em Perth, na Austrália ocidental, mas filtrará os da cidade

escocesa com o mesmo nome. Normalmente, o uso de mais e menos será o suficiente para definir sua busca, mas você pode optar por uma busca mais avançada com os operadores booleanos (e, ou, não, próximo). O uso deles varia levemente de um programa de busca para outro, portanto é bom verificar as instruções precisas de cada um sobre busca avançada; se você nunca usou esses indicadores, consulte a ajuda do programa que está usando.

> Não se deixe distrair pelos *links* até outras páginas interessantes, mas irrelevantes. Se algo atraiu seu interesse, use os "favoritos" para registrar o local e depois voltar para dar uma olhada.

PROCURE QUALIDADE
Procurar informações com rapidez é ótimo, mas e quanto à qualidade e confiabilidade do que você descobriu? No interior dos bilhões de páginas de informação na Internet existe uma enorme quantidade de inutilidades. Qualquer um que deseje fazer um *site*, mostrando sua informação de uma forma aparentemente confiável, pode fazê-lo. Portanto, como discriminar entre o que é válido e o que não é? Aqui vão alguns indicadores que podem ajudar.

> *Esse* site *tem boa reputação?* Geralmente, no alto da lista de confiabilidade estão as universidades, informações dos *sites* do governo, autoridades locais, organismos públicos, instituições voluntárias conhecidas, companhias de boa reputação, instituições de mídia, versões *on-line* de jornais e periódicos.

> *Esse* site *foi vetado de alguma forma?* Existem alguns *sites* e diretórios que fazem questão de verificar a qualidade dos *links* apresentados. Um deles é o About (www.about.com). Cada uma das categorias em seus diretórios é controlada por um especialista no assunto abordado.

- *Existe algum outro lugar onde eu possa procurar?* Se uma busca aparece com informações de um *site* com o qual você não está familiarizado, você pode conseguir algumas pistas com respeito à confiabilidade do material:
  — As referências dadas para fatos e números mostram uma data "verificada recentemente"?
  — A informação possui um alvo claro de audiência e propósito óbvio?
  — Como é a apresentação? Uma abordagem do texto menos séria pode indicar a mesma atitude sobre o conteúdo da informação.
  — Existem informações sobre o status e a experiência do autor?
  — O *site* contém *links* de outros *sites* respeitáveis?
- *Sou capaz de verificar a informação?* Informação similar em *sites* diferentes podem oferecer um guia de validação, mas tome cuidado. Palavras idênticas ou quase idênticas podem indicar que simplesmente o tópico foi transferido de um local para outro.
- *Quem usa o site?* Para descobrir quem é o responsável pelo *site*, quanto tráfego recebe, quantos outros *sites* se ligam a ele e que outros *sites* as pessoas que o visitam usam, vá para www.alexa.com e coloque o endereço (URL) do *site* que você deseja pesquisar na caixa de pesquisa.

ORGANIZE O MATERIAL QUE ENCONTRAR

É simples carregar as páginas que você utilizou para referência posterior, ou adicionar aos "favoritos" para salvar um endereço ou um *site* que você deseja visitar outra vez; mas se você faz muita pesquisa na Internet, pode acabar atulhando sua lista de favoritos. Nesse caso, use "organizar favoritos" para estabelecer pastas e subpastas agrupando os títulos relacionados de forma relevante pelo método de arrastá-los para lá. Do mesmo jeito, crie pastas no interior de seu local de acesso que reflitam tanto a natureza das páginas carregadas quanto os projetos aos quais elas são associadas. Se você faz muita pesquisa e passa boa parte do tempo organizando e analisando o material que coleta, então existem programas que podem ajudá-lo. Um exemplo barato e respeitado é o Onfolio (www.onfolio.com). Seja cuidadoso com o que deseja carregar – os *links* geralmente são mais valiosos do que as páginas em si, que podem ficar desatualizadas com rapidez. É também uma boa idéia realizar uma sessão de atualização para limpar *sites* ou páginas redundantes.

Sumário

A moderna tecnologia de informação pode ser de ajuda considerável na organização pessoal, desde que seja utilizada adequadamente. Você precisa:

- reconhecer as tarefas para as quais a tecnologia não oferece vantagem apreciável;
- selecionar o *software* para necessidades específicas;
- equilibrar a economia potencial de tempo contra o compromisso de usar o tempo para aprender a utilizar a nova aquisição;
- rever periodicamente seus hábitos de computadores;
- adotar técnicas precisas de busca quando procurar informação na Internet;
- monitorar a qualidade da informação obtida;
- administrar e organizar o material gravado.

9

Organize a si mesmo em casa e fora de casa

Um estudo conduzido em 2005 estimou que 5 milhões de trabalhadores no Reino Unido (quase 20% da força de trabalho) passam mais tempo trabalhando em casa ou em trânsito, e previram um aumento rápido nesse número ao longo da próxima década, à medida que a tecnologia móvel continua a reduzir a necessidade de locais fixos para o trabalho e horas rígidas no século XXI. Nenhum livro sobre organização pessoal seria completo sem considerar os desafios especiais representados por trabalhar em casa ou em trânsito.

Trabalhando em casa

O alcance do trabalho em casa se estende desde os que trabalham em tempo integral e são autônomos até aqueles para quem uma escapada ocasional em casa é uma oportunidade de fugir das distrações do escritório, pois as vantagens e desvantagens organizacionais são as mesmas.

VANTAGENS:
- controle sobre seu horário;
- ninguém fica olhando sobre seu ombro;
- liberdade de algumas distrações no trabalho;
- flexibilidade de inserir atividades pessoais ou de lazer

no que seria normalmente considerado o horário de trabalho.

Dificuldades:
- ausência de estruturas normais de trabalho;
- falta de colegas para apoiar suas atividades – você precisa desempenhar papéis diferentes;
- distrações novas em potencial;
- limitações no espaço de trabalho.

Tipicamente, você deseja maximizar as vantagens e diminuir as desvantagens, e todos os pontos abordados anteriormente no livro sobre administrar o tempo e compreender a forma como você trabalha serão significativos. Mas existem também itens específicos no trabalho em casa, a respeito de equilíbrio, foco e organização do espaço de trabalho, que pode ser útil verificarmos agora.

Equilíbrio

Um dos maiores problemas de trabalhar em casa é manter um equilíbrio entre o trabalho e o lazer. Você está no controle de seu horário, porém, a menos que consiga cuidar das fronteiras de seu dia de trabalho e mantê-las, pode descobrir que o trabalho invade todas as horas em que está acordado; sem um grau determinado de disciplina, o trabalho que faz pode não ser produtivo. Com todas as armadilhas da casa a seu lado, pode haver uma tendência a pairar entre as horas de trabalho e a atividade familiar e de lazer de uma forma que reduz a eficiência de seu trabalho, e por causa da culpa sobre as tarefas negligenciadas não se permite aproveitar os momentos de lazer.

Para manter um equilíbrio saudável e produtivo entre o trabalho e o lazer, construa uma estrutura para seu dia de trabalho. Pode ajudar enxergar seu dia em termos de horário rígido e horário flexível, usando uma abordagem mais ampla do que o princípio comum de tempo. O horário rígido seria o que você sempre ocupa com trabalho ou com tarefas familiares – sem desculpas, é um horário a ser religiosamente respeitado. Por exemplo, você resolve que desde as 8h30 até as 13h30, todos os dias, é seu horário rígido de trabalho, e o período depois das 18h30 é sempre rígido de lazer. O tempo flexível para completar sua semana de trabalho pode se deslocar para acomodar um equilíbrio saudável. Um dia pode envolver um início bem cedo; em outro, algum trabalho à tarde, e um terceiro pode seguir um horário tradicional. Desde que você tenha um bloco significativo de tempo de trabalho que se torne rotina e que sua família, amigos e clientes sejam capazes de se adaptar a ele, você pode tirar vantagem da flexibilidade que trabalhar em casa proporciona e melhorar seu estilo de vida.

O equilíbrio também se apresenta na forma como você estrutura suas horas de trabalho a fim de assegurar que vai aproveitar o melhor de si mesmo e da atenção adequada aos diferentes aspectos de seu trabalho. Você precisa focalizar-se não apenas nas atividades do horário principal de trabalho que produzem dinheiro, mas nas tarefas de manutenção também: aquelas tarefas de rotina que o mantêm funcionando adequadamente – permanecer informado, lidar com correspondência e organizar seu espaço de trabalho.

Num ambiente de trabalho tradicional, existem outras pessoas, cujo trabalho especializado pode apoiá-lo. Existem chances de que, quando você está trabalhando de casa, tudo dependa de você. Assim que você completa sua parte, descobre que está trabalhando como seu administrador, secretário, guarda-livros, executivo de mercado e *boy* de serviços externos. Pode ser impraticável ou pouco econômico empregar outros com essas capacidades, portanto você precisa encontrar formas pelas quais todos os aspectos da atividade requeridos para o sucesso sejam conseguidos.

Em vez de permitir que as tarefas se acumulem até que você seja forçado a manter um contador ou fazer um ordem geral nos arquivos, gere um horário de trabalho variado para criar hábitos indolores ao inserir as várias tarefas na rotina diária ou semanal. Faça a si mesmo as seguintes perguntas:

- Quais são os vários papéis que preciso preencher? (Liste-os)
- *Grosso modo*, que porção de meu tempo será usada por cada um?
- Como o mercado cobra essas tarefas, comparado a quanto vale meu tempo fazendo o trabalho principal?

Quando você é claro sobre as respostas, pode considerar um arranjo formal de trabalho para assegurar que os serviços necessários sejam cumpridos. Se, por exemplo, você resolver que duas horas por semana são necessárias para a contabilidade, pode encarar a si mesmo como sob contrato para prover esse serviço por uma hora às terças-feiras e às quintas-feiras, e abordar o trabalho com a mesma intenção e seriedade que teria se alguém o tivesse contratado para fazer isso. De forma similar, você pode agir como seu próprio administrador geral durante meia hora diária. Visualizar seus diferentes papéis dessa forma pode ajudar você a conseguir lidar com todos eles e evitar que alguns sejam subvalorizados ou superavaliados. Colocar um preço nos vários papéis o ajuda a lidar com essas tarefas que poderia fazer sentido contratar fora.

Foco

Quem o lembra sobre as coisas que precisam ser feitas? Quem mantém sua motivação elevada e o ajuda quando chega a um trabalho complicado? Provavelmente, a resposta será você mesmo outra vez. Mas o tempo e a organização da carga de trabalho podem ajudar a compensar pela ausência de colegas ou mentores:

- É ainda mais importante, quando você está trabalhando por conta própria, planejar suas atividades ao longo de diferentes escalas de tempo, estabelecer desafios claros e administráveis e dividir projetos de longo prazo em tarefas menores. Torna as tarefas mais fáceis de manejar e lhe dá o tão necessário sentido de progresso.
- Siga seu horário da forma que melhor lhe aprouver – papel, computador, PDA –, porém se atenha a um só esquema.
- Considere usar as listas de verificação de rotinas diárias e semanais, de forma a não deixar de realizar nada.
- Divida sua semana com as atividades que envolvem contatos humanos e tome providências para cumprir e manter sua rede. O isolamento é um problema freqüente para aqueles que trabalham em casa. Outras pessoas com os mesmos tipos de atividades podem providenciar conselhos e apoio.

Espaço de trabalho adequado

A atenção à boa organização de seu espaço de trabalho pode lhe dar um impulso significativo à produtividade. A idéia de disparar *e-mails* do conforto de sua cama ou mapear seu plano de trabalho num pátio ensolarado pode ser atraente, e de fato existirão tarefas que você poderá executar confortavelmente de formas não convencionais, mas é provável que, para a maior parte de seu trabalho, alguma forma de ambiente parecido com um escritório seja uma necessidade. Seu escritório em casa não precisa ser grande – esqueça aquelas conversões extravagantes que saem no suplemento dominical dos jornais –, mas deve ser confortável e funcional, com atenção para uma disposição que facilite e se adapte a suas necessidades profissionais. Com muita freqüência negligenciamos, em nossos arranjos feitos em casa para trabalhar, aspectos que iríamos encarar como essenciais se estivéssemos trabalhando em outro lugar. Damos a nós mesmos espaço pouco apropriado ou insuficiente, e usamos a mobília e o equipamento que se encontram à mão em vez de gastar uma pequena quantidade de tempo e dinheiro para criar um ambiente de trabalho que corresponda a nossas necessidades. Leve em conta as recomendações do Capítulo 6 e considere os seguintes elementos fundamentais:

- Um porta que se possa fechar quando necessário. Trabalhar à mesa da sala de jantar pode ser conveniente, mas apresenta ao final do dia a tarefa extra de guardar tudo e pode render muito mais interrupções se outros membros da família estão presentes. Talvez o mais importante seja o fato de aumentar a dificuldade em separar a vida profissional da vida caseira.
- Uma cadeira bem ajustada e proporcional. Muitas vezes negligenciado, esse provavelmente é o investimento mais importante que se pode fazer.
- Uma superfície de trabalho que seja suficientemente espaçosa para acomodar o equipamento essencial e que dê a você bastante espaço livre. Não precisa ser uma escrivaninha cara; podem-se fazer maravilhas com uma mesa de cozinha de preço médio, e existem opções dobráveis que podem ser consideradas se você estiver trabalhando numa área multifuncional.
- Um ambiente agradável, bem iluminado e confortável. Trabalhar numa dispensa, cercado de pilhas de material fora de uso, tem um efeito negativo em seu trabalho depois de algum tempo.
- Equipamento adequado de estocagem. Se o espaço for um problema, vá para cima em vez de ir para os lados. Prateleiras e caixas empilháveis podem ser opções quando você tem pouco espaço.

Haverá outros fatores a considerar, dependendo da natureza de seu trabalho. Se envolver a visita de clientes, de que tipo de espaço você precisa para recebê-los? Existem restrições locais de zoneamento ou condomínio que poderiam produzir dificuldades? Se uma boa parte do trabalho é realizada ao telefone, os que ligam recebem uma resposta profissional? Pode ser interessante instalar uma segunda linha com secretária eletrônica, que seria uma forma bastante viável de garantir que o trabalho e a vida particular não se cruzem. Faça funcionar a linha comercial ligada à secretária eletrônica durante seu tempo de lazer, e faça o mesmo com sua linha doméstica nas horas de trabalho.

Existem ainda outras questões – legais, financeiras e contábeis – que podem surgir com os arranjos domésticos para o trabalho, particularmente se suas atividades envolvem empregar outros, modificar terrenos ou estabeler um espaço para ser completa e exclusivamente utilizado como escritório. Tais assuntos, porém, estão além do propósito deste livro. Existem numerosos outros livros e *sites* na Internet que oferecem informações úteis e conselhos. Qualquer que seja a natureza de seu trabalho em casa, dê-se ao trabalho de esclarecer suas necessidades, pesquisar quaisquer áreas de incerteza momentânea e organizar-se de acordo.

Organize-se fora do escritório

Se seu trabalho o leva regularmente para fora do escritório, você está familiarizado com os desafios de organização que tal atividade apresenta. Para você, é uma questão de manter-se no topo de seu horário, conservar comunicação eficiente com sua base e assegurar-se de que a informação de que você precisa está disponível e que o equipamento não o deixe na mão. Você partilha alguns dos desafios de equilíbrio e foco enfrentados pelos que trabalham em casa. Entretanto, essa seção não é dirigida tanto àqueles que regularmente estão fora do escritório e acostumados às exigências do trabalho em trânsito, mas ao resto de nós, para quem uma viagem para fora do escritório é um evento mais ocasional, que pode sinalizar desequilíbrio.

As viagens de negócios e conferências podem colocar um grande problema para nossa organização de trabalho. Nas horas que antecedem nossa partida, você se vê correndo para completar tarefas que não podem esperar até seu retorno. Finalmente você consegue sair, exausto e desequilibrado, só para descobrir, ao chegar em seu destino, que deixou um documento importante para trás. No curso de sua viagem, você é perturbado por mensagens relativas a crises menores, cuja resolução depende de uma informação que estaria em algum lugar de seu sistema de arquivos. Finalmente, você chega de volta, exausto e sobrecarregado, trazendo trabalho da viagem, e enfrenta uma pilha de correspondência, recados na secretária e *e-mails*.

A chave para manter seu equilíbrio, quando o trabalho sai do escritório por alguns dias de cada vez, é o bom planejamento e a adesão, sempre que possível, às rotinas normais.

Planejamento

- Abra um espaço em seu horário e deixe para trás qualquer trabalho não urgente nos dias que antecedem sua partida, de forma a concentrar-se apenas naquelas tarefas que precisam ser completadas antes de sua volta. Sempre reserve mais tempo para isso do que você julga necessário.
- Cubra sua base em casa. Assegure-se de que existe alguém que possa verificar sua correspondência, lidar com qualquer crise menor e que seja capaz de entrar em seu sistema de arquivos e acessar informações em seu computador. Certifique-se de deixar números telefônicos precisos para contato.
- Verifique e confirme se tem tudo de que precisa para viajar, mas não tente levar muito trabalho em papéis, na esperança vã de que encontrará tempo para lidar com ele. Você voltará com mais do que levou.

- Separe um "conjunto para fora do escritório", contendo os acessórios de uso diário – envelopes, minigrampeador, canetas, calculadora etc. Mantenho isso à mão, de forma a poder colocar na mala quando tiver uma viagem a realizar.
- Se você tem muitos locais para visitar, planeje a ordem para minimizar problemas na viagem. Um programa para auxiliar a programar viagens pode ser útil.
- Certifique-se de que sabe realizar tarefas pouco familiares, como apanhar de longe seus recados na secretária, enviar um fax com seu computador portátil ou entrar na rede de sua organização de longe. Não confie apenas nas instruções de outra pessoa, faça você mesmo antes de partir, a fim de assegurar-se de que funciona. Não há nada pior do que presumir que poderá ficar em contato depois e descobrir que não consegue.
- O mais importante é certificar-se de que possui as senhas necessárias para acionar todas as facilidades citadas.
- Mude sua mensagem da secretária eletrônica e estabeleça auto-resposta, para que qualquer pessoa que telefone saiba que você está viajando e quando volta. Inclua um número de celular se for apropriado. Lembre-se de alterar novamente as mensagens quando voltar.
- Verifique se você tem tudo de que precisa instalado em seu computador *laptop* – todos os programas que usa, as referências e o material de contato. A capacidade e a conectividade dos computadores portáteis atuais significam que você deve ser capaz de acomodar o mesmo número de informações de seu computador de mesa.
- Se você está usando transporte público, marque algumas tarefas para fazer enquanto viaja. Normalmente, isso se refere a tarefas que não utilizarão papel, com as quais se pode lidar com certo grau de interrupções.

- Não subestime o efeito debilitante de uma viagem. Deixe, em seu horário, um tempo para você descansar antes de se lançar a encontros e reuniões.

- Se sua viagem envolve sair do país, verifique se você tem os adaptadores corretos para conectar seu *modem* ao sistema telefônico dos países para os quais vai viajar. Lojas de acessórios, como a Teleadapt (www.teleadapt.com), podem providenciar adaptadores para qualquer país. Certifique-se também de que seu telefone celular esteja habilitado a receber chamadas no país ou países que está visitando.

- Alguns provedores de serviços da Internet oferecem acesso à Internet fora do país, em taxas locais, ou possuem um acessório de *webmail*. Se não estiver disponível para você, ou se não possui um computador com você enquanto está no exterior, pode considerar abrir um *e-mail* gratuito, em grandes *sites* como o Yahoo (www.yahoo.com) ou Hotmail (www.hotmail.com). Eles lhe permitirão enviar e receber correspondência de qualquer computador ligado à internet. Se você depende de uma rede telefônica cara, então regule seu programa para receber apenas os títulos, não toda a mensagem. Você economizará tempo e dinheiro em não ter de esperar que a correspondência inútil carregue na memória do computador.

Mantendo rotinas

- Resista à tentação de fazer um pacote de papéis "para ser aberto quando eu voltar". Estarão destinados a continuar um pacote desorganizado. Lide com qualquer papelada que receber enquanto está viajando da mesma forma que faria no escritório (use os cinco Ds) e seja particularmente rígido com a categoria "descartar".

- Tente separar algum tempo durante seu dia para lidar com a correspondência e mensagens de rotina. Quando você recolher seus recados e *e-mails*, lide com a maior parte possível, em vez de apenas verificar as mensagens com os maiores problemas. Dessa forma, você vai diminuir bastante o trabalho esperando por você quando voltar.
- Estabeleça uma área de trabalho em seu quarto de hotel que seja tão compatível com a produtividade quanto possível.
- Mantenha um registro das despesas. É muito mais fácil do que tentar lembrar delas mais tarde.
- Dê a si mesmo tempo para descansar. Em conferências e viagens de negócios você pode acabar falando de negócios o tempo inteiro, do café da manhã até a noite. Descanse um pouco e relaxe, se não vai voltar estressado e exausto.
- Planeje seu primeiro dia de volta ao escritório antes de voltar, mas não tente programar muita coisa.

Sumário

Quando trabalhar em casa, assegure-se de:
- criar um equilíbrio entre o trabalho e o lazer;
- dar uma abordagem equilibrada aos vários papéis que precisará desempenhar;
- manter sua atenção no foco;
- criar uma boa organização do espaço de trabalho.

Trabalhar fora de sua base normal requer planejamento eficiente para contrabalançar a ausência das instalações nas quais você nem repara normalmente e na manutenção da boa rotina de trabalho.

10

Mantenha o bom trabalho

Todos nós estamos familiarizados com o fenômeno da fadiga da resolução. Boas intenções lançadas com entusiasmo e vigor no 31 de dezembro são abandonadas e esquecidas por volta do dia 10 de janeiro. Não é diferente com as decisões para melhorar a organização pessoal. Ler este livro pode ser um começo, mas não vai trazer os resultados que você deseja sem esforço de sua parte.

Reveja seus objetivos

No Capítulo 1 convidei você a estabelecer alguns objetivos a respeito de melhorar sua organização pessoal. Sem dúvida, você terá feito progresso à medida que trabalhou ao longo do livro, e espero que tenha obtido novas idéias enquanto acessava as fraquezas organizacionais que identificou no princípio. É chegado o momento de realizar as coisas. Gostaria de sugerir que você revisse e refinasse seus objetivos, ajustasse suas prioridades nos casos em que é necessário e estabelecesse datas e prazos conforme foi pedido. Retorne ao começo da lista que você esboçou no Capítulo 1 e faça a si mesmo as três perguntas seguintes:
1. Quais desses itens, se houve algum, já foi completamente atingido? (Faça uma marca em cada um.)
2. Que ressalvas quero fazer como lembrete do resultado de ler este livro?

3. Existem áreas de preocupação que não identifiquei originalmente, mas agora compreendo que requerem atenção?

Veja sua lista inicial e priorize os itens em A ou B, de acordo com sua estimativa de valor ao elevar seu nível de organização pessoal. Os itens de prioridade A são os mais importantes, aqueles nos quais você deve se concentrar antes. Estabeleça um plano de ação com base neles, dividindo cada objetivo maior em suas tarefas constituintes, juntamente com as datas para a realização. Se você está fazendo esse exercício em papel, pode desejar usar um formato simples, tal como o da Ilustração 10.1, para ajudar a colocar suas resoluções. Quando estiver contente com seu plano de ação, coloque as tarefas e datas no sistema que estiver usando e comece a se preocupar com a implementação. Lembre que você precisa dar um certo tempo aos novos hábitos para que sejam implantados.

Subobjetivos e tarefas	Data inicial	Data final

Ilustração 10.1 *Plano de ação*

Verifique seu progresso

Reveja o progresso regularmente, semanalmente se possível, com freqüência não menor do que mensal. Dê a si mesmo reforço imediato positivo ou recompensa para cada passo conseguido, e use seus sucessos como apoios para conseguir mais realizações. Seja bondoso consigo mesmo quando falhar em conseguir o progresso antecipado. Examine os motivos: talvez você tenha tentado conseguir muitas coisas ao mesmo tempo ou não tenha tentado por tempo suficiente para estabelecer um novo hábito. Não se deixe convencer a abandonar seus esforços e objetivos. Defina novos prazos e continue.

Visualize a forma como você vai trabalhar e os benefícios que irão se originar quando você aperfeiçoar as novas habilidades e formas de trabalho. A visualização é um meio poderoso de acompanhar você pelo curto período desagradável até o ganho em longo prazo. Uma vez que seus objetivos de prioridade A estejam a caminho, você pode passar para os de prioridade B.

Descubra formas de ficar no caminho

Fique alerta para descobrir meios pelos quais você pode manter seus objetivos à frente de sua consciência e sua motivação elevada. Por exemplo, você pode descobrir que é útil adotar um sistema de pontos semanais que o recompensem ou penalizem por aspectos de boa ou má organização. Os pontos podem ser concedidos ao longo das linhas seguintes:

- + 10 pontos para cada dia planejado adiantadamente;
- − 10 pontos para cada item "a fazer" transportado de um dia para outro;
- − 10 pontos para cada tarefa realizada que poderia ter sido delegada;
- + 10 pontos para uma bandeja vazia ao final da semana;
- − 2 pontos para cada item em sua bandeja além de 20 ao final da semana;

- – 2 pontos para cada *e-mail* não lidado no dia em que foi recebido;
- – 2 pontos para cada dia adicional em que você continuou a não lidar com um *e-mail*.

Seu objetivo, claro, é finalizar cada semana com pontos a favor. Não adote simplesmente o que sugeri, mas escolha suas pontuações nas áreas nas quais você vai concentrar seus esforços. Dê a si mesmo um grau de desafio com o qual seja possível lidar, e não tente lidar com muitas coisas ao mesmo tempo. À medida que sua organização melhora, você pode tornar as coisas progressivamente mais difíceis para você.

E se os velhos hábitos reaparecerem?

Todos nós experimentamos reveses. Geralmente é quando estamos sob pressão que nossos sistemas e rotinas sentem o estresse. Se você descobrir os velhos hábitos de desorganização reaparecendo, não se desespere. Não é um sinal de abandono de seu espaço conquistado. Localize os motivos, reveja as estratégias neste livro, estabeleça novas metas e trabalhe para voltar ao caminho certo.

Você vai conseguir!